黒澤　満

核軍縮は可能か

信山社ブックレット

は し が き

2011年に新START条約が発効し戦略攻撃兵器の削減が実施されたが，2010年代半ばから米ロ関係がきわめて悪くなり，核軍縮の動きが全体的に停滞するという状況になっていった。その時期において，核軍縮への人道的アプローチが勢いを得て，2017年の国連会議で核兵器禁止条約が採択され，署名された。この条約は，これまでの核兵器国を中心とし，戦略的安定性を目的とする軍事的安全保障の強化というアプローチとは大きく異なるものであり，非核兵器国を中心に交渉が行われ，人類の生存に関する安全保障という側面から核軍縮を推進しようとするものである。

他方，2017年に発足した米国のトランプ政権は，米国第一主義を唱えつつ，イラン核合意から離脱してイランへの制裁を再開し，冷戦終結の契機となった中距離核戦力条約（INF）条約からも一方的に離脱した。またその他の国際条約や国際合意から一方的に離脱し，自国の短期的な利益を追求しており，法の支配ではなく力の支配を推し進めている。

このような状況にあって，伝統的な核軍縮のアプローチは大きく後退しており，大国間の核軍縮もまったく進展せず，逆に核兵器システムの近代化がすべての核保有国で推し進められている。

本書は，核軍縮問題の入門書として，核軍縮に少しでも関心のあるあらゆる層の人々に向けて書かれたものである。核軍縮に関連する主要な6つの問題を，一般の人々にも理解できるように，諸問題の事実関係を条約を中心に叙述し，その条約交渉の背景や

iii

はしがき

経過を明らかにし，さらにその条約の意義を検討している。そこでは反対意見も紹介し，条約の不十分さも示している。そして，各章において，核軍縮をさらに進めていくためには，これからどうすべきかという今後の課題を検討している。

　核軍縮の問題は，大国間の政治的・軍事的課題の中心にあるとともに，人類全体の生存に関わる重要課題であり，国際関係のなかにおいてもきわめて重要な地位を占めている。読者が世界の平和と安全保障，人類の平和と安全保障を考える際に，本書が有益であることを期待している。

　　2019 年 11 月

黒　澤　　満

目　　次

はしがき（iii）

第1章　核兵器禁止条約とは何か …………………………… 3

1　条約は何のために必要なのか……………………………… 3

 (1)　人道的アプローチ（3）
 (2)　核軍縮の停滞（4）
 (3)　国際 NGO によるキャンペーン（5）

2　核兵器禁止条約成立への道のり ………………………… 5

 (1)　核兵器全廃を目ざして（5）
 (2)　足並みの乱れと圧倒的多数による採決（6）

3　核兵器禁止条約の内容 ……………………………………… 6

 (1)　前　　文（6）
 (2)　条約により禁止される活動（7）
 (3)　核兵器全廃に向けた措置（8）
 (4)　条約の組織化と最終条項（8）

4　条約への反対論………………………………………………… 9

 (1)　条約反対への具体的主張（9）
 (2)　条約反対論の分析（10）

5　条約の意義と今後の課題……………………………………… 13

 (1)　条約の意義（13）
 (2)　条約の今後の課題（15）

第2章　核兵器削減への道のり ……………………………… 17

1　中距離核戦力条約（INF 条約）………………………… 18

 (1)　INF 条約の内容と意義（18）
 (2)　INF 条約からの離脱（19）

v

目　次

2　戦略兵器削減条約（START 条約）‥‥‥‥‥‥‥‥ 21

(1)　START 条約の形成過程 (21)
(2)　START 条約の内容とその実施 (22)

3　戦略攻撃力削減条約（SORT 条約）‥‥‥‥‥‥‥‥ 23

(1)　SORT 条約の成立の背景 (23)
(2)　SORT 条約の内容 (23)

4　新戦略兵器削減条約（新 START 条約）‥‥‥‥‥‥ 24

(1)　新 START 条約の交渉過程 (24)
(2)　新 START 条約の内容と実施 (25)

5　今後の核兵器削減の課題‥‥‥‥‥‥‥‥‥‥‥‥‥ 28

(1)　戦略核兵器の削減 (28)
(2)　非戦略核兵器の削減 (29)
(3)　米ロ以外の核兵器国の参加 (30)

第3章　核兵器の拡散をどう防止するか‥‥‥‥‥‥ 33

1　核不拡散条約（NPT）‥‥‥‥‥‥‥‥‥‥‥‥‥‥ 33

(1)　NPT の交渉過程 (33)
(2)　条約の内容 (34)
(3)　条約の普遍性の確保 (35)
(4)　IAEA 保障措置の強化 (36)

2　北朝鮮の核開発問題‥‥‥‥‥‥‥‥‥‥‥‥‥‥‥ 37

(1)　核兵器の開発 (37)
(2)　非核化の交渉 (39)

3　イランの核開発問題‥‥‥‥‥‥‥‥‥‥‥‥‥‥‥ 41

(1)　核兵器の開発疑惑 (41)
(2)　イラン核合意 (42)

4　NPT の運用をめぐる会議‥‥‥‥‥‥‥‥‥‥‥‥‥ 44

(1)　1995 年再検討会議 (44)
(2)　2000 年・2005 年再検討会議 (45)
(3)　2010 年・2015 年再検討会議 (46)

目　次

5　核不拡散の今後の課題 ……………………………………………… 48

 (1)　非締約国の取り扱い（48）

 (2)　北朝鮮とイラン（48）

 (3)　核軍縮の進展（48）

第4章　核軍拡競争をどう止めるか …………………………… 51

1　核実験と部分的核実験禁止条約 ………………………………… 51

 (1)　核実験の実施の実態（51）

 (2)　部分的核実験禁止条約（PTBT）（53）

2　包括的核実験禁止条約（CTBT）………………………………… 54

 (1)　条約の形成過程（54）

 (2)　条約の義務の内容（54）

 (3)　条約はなぜ20年以上未発効なのか（55）

3　核分裂性物質の生産禁止 ………………………………………… 58

 (1)　兵器用核分裂性物質の現状（58）

 (2)　兵器用核分裂性物質生産禁止条約（FMCT）（59）

4　核兵器の近代化 …………………………………………………… 61

 (1)　核軍拡競争の展開（61）

 (2)　各国の核軍拡競争（61）

5　核軍拡競争防止の今後の課題 …………………………………… 64

第5章　非核の地域をどう広げるか …………………………… 65

1　非核兵器地帯の設置 ……………………………………………… 65

2　冷戦期の非核兵器地帯 …………………………………………… 67

 (1)　ラテンアメリカ非核兵器地帯（【1】トラテロルコ条約）（67）

 (2)　南太平洋非核地帯（【2】ラロトンガ条約）（69）

3　冷戦後の非核兵器地帯 …………………………………………… 70

 (1)　東南アジア非核兵器地帯（【3】バンコク条約）（70）

 (2)　アフリカ非核兵器地帯（【4】ペリンダバ条約）（72）

 (3)　中央アジア非核兵器地帯（【5】セミパラチンスク条約）（73）

目　次

   (4)　モンゴル非核兵器地位 (75)

  4　非核兵器地帯への核兵器の使用禁止 ……………………… 75

  5　非核兵器地帯の今後の課題 ……………………………… 76

   (1)　中　　東 (77)

   (2)　南 ア ジ ア (78)

   (3)　北東アジア (78)

第6章　核兵器の使用をどう防止するか ……………………… 81

  1　国際司法裁判所の勧告的意見 ………………………… 81

  2　核兵器国の軍事ドクトリンと第一不使用 …………… 84

   (1)　核兵器国の軍事ドクトリン (84)

   (2)　核兵器の第一不使用 (86)

  3　非核兵器国に対する不使用 …………………………… 88

   (1)　核不拡散条約との関連 (88)

   (2)　非核兵器地帯との関連 (89)

  4　テロリストによる核使用の防止 ……………………… 90

   (1)　核テロの脅威の拡大 (90)

   (2)　核テロ防止のための国際的取り組み (91)

  5　核兵器不使用の今後の課題 …………………………… 92

   (1)　第一不使用政策の採用 (92)

   (2)　非核兵器国への不使用 (92)

   (3)　テロによる使用の防止 (93)

核軍縮は可能か

第 1 章

核兵器禁止条約とは何か

　2017 年 7 月 7 日に，国連総会において核兵器禁止条約（Treaty on the Prohibition of Nuclear Weapons）が，賛成 122，反対 1，棄権 1 で採択された。この条約は，当初は国際 NGO が主張していたものであり，それに賛同する非核兵器国を中心に国際社会の多数が支持するものとなり，国連総会での活動を通じて，条約交渉が開始され採択されたものである。この条約は核兵器に関連するほぼすべての活動を禁止するものである。しかし核兵器国および核の傘の下にある非核兵器国はこの条約に厳しく反対しており，賛成国と反対国の間で鋭い対立が生じている。

1　条約は何のために必要なのか

⑴　人道的アプローチ

　第 1 の背景は核軍縮への人道的アプローチである。核軍縮を進めるための伝統的なアプローチは，国家の軍事的な安全保障をどのように強化するかという観点から行うものであったが，2010 年にスイスが，核戦争は人類の生存そのものへの脅威であるので，核兵器の使用の正当性に関する議論が開始されるべきであり，軍

3

事的および法的考慮に付け加えて人道的な側面が核軍縮に関する現在の議論の中心に置かれるべきであると主張した。

① これを契機に，スイスを中心とする 16 カ国が「核軍縮の人道的次元に関する共同声明」を発表し，「最も重要なことは，核兵器がいかなる状況においても決して再び使用されないことであり，これを保証する唯一の方法は，核兵器の全面的で不可逆的で検証可能な廃絶である」と述べた。

② 具体的な進展のもう 1 つは，「核兵器の人道的影響に関する国際会議」の開催であり，会議の目的は，核兵器の爆発の人道的影響について，事実に基づく見解を提示し，十分な情報に基づいた議論を促進することであった。2013 年および 2014 年に開催され，核兵器使用の即時の人的影響のみならず，長期的な影響の重大性が指摘されるとともに，環境や気候に与える大きな影響，さらに社会の経済的基盤や開発への悪影響など甚大かつ広大な影響が生じる可能性が議論された。

(2) 核軍縮の停滞

第 2 の背景は核軍縮の停滞である。米ロの 2 国間核軍縮交渉は，新 START 条約が 2011 年に発効して以降，完全に停滞した状況になっていた。多国間軍縮交渉に関しては，包括的核実験禁止条約（CTBT）は署名から 20 年以上が経過しているが，まだ発効しておらず，その他の交渉も開始されていない。核軍縮の停滞にさらに拍車をかけたのが，核兵器保有国による核兵器の増強と近代化の推進であり，国際情勢は核兵器の使用の可能性を高める方向に進んで行った。

(3) 国際 NGO によるキャンペーン

第3の背景は，国際 NGO によるキャンペーンである。NGO
の世界的連合体である核兵器廃絶国際キャンペーン（ICAN）は，
2010 年前後からすべての政府に対して，核兵器を完全に禁止す
る条約の交渉を開始することを要求しており，そこでは核兵器禁
止条約の交渉は，核兵器保有国の参加がなくても禁止にコミット
した諸国により行われるべきであり，核兵器の禁止はその廃棄に
先行するものであり，廃棄を促すものであるとし，核兵器禁止の
要請は，核兵器の保有がある国にとって正当であるという概念に
強力に挑戦するものであると主張した。

2 核兵器禁止条約成立への道のり

(1) 核兵器全廃を目ざして

2015 年の国連総会は「多国間核軍縮を前進させる」と題する
決議を採択し，核兵器のない世界を達成し維持するために締結さ
れる必要がある具体的で効果的な法的措置，法的規定および規範
に実質的に取り組む公開作業部会を開催することを決定し，この
会合は 2016 年に開催され，核兵器の廃絶に導くような，核兵器
を禁止する法的拘束力ある文書を交渉するために，国連総会がす
べての国家に開かれた会議を 2017 年に開催することを，広範な
支持を得て勧告した。国連総会は 2016 年 12 月 23 日に採択した
決議で，核兵器の全廃に導くような，核兵器を禁止する法的拘束
力ある文書を交渉するための国連会議を 2017 年に開催すること
を決定した。

(2) 足並みの乱れと圧倒的多数による採決

2017年の核兵器禁止条約交渉会議で，初日に米国，英国，フランスのその他の条約反対国の代表は，条約への反対の意思を表明した。また日本の高見沢大使は，禁止条約の交渉は，核兵器国と非核兵器国の間のみならず非核兵器国の間の分裂を深めるだけであり，国際社会を一層分裂させるものであり，日本はこの会議に建設的にかつ誠実に参加することは困難であると述べた。

第1会期は，条約の内容をめぐって参加国がさまざまな見解を表明する機会を提供するもので，主として条約前文に含まれるべき原則と目標，条約で禁止すべき基本的義務に関する議論が活発に行われ，NGOにも発言の機会が与えられた。これらの議論を基礎として，議長による第1草案が，2017年5月22日に提出された。

第2会期は6月15日に開始され，議長は6月27日に改訂版を提出したが，それを基礎に議論を継続し，その後いくつかの修正を経て，7月7日に条約は，賛成122，反対1（オランダ），棄権1（シンガポール）の圧倒的多数で採択された。

3 核兵器禁止条約の内容

(1) 前 文

前文の第1の特徴は，本条約が人道的なアプローチを採用しており，人道的な観点から条約交渉過程を推進している点である。すなわち第2項は，「核兵器の使用から生じるであろう壊滅的な人道的結果」を深く懸念し，「核兵器が決して使用されない唯一の保証としての核兵器の完全な廃絶の必要性」を認識している。

第1章　核兵器禁止条約とは何か

　第2の特徴は，核兵器の法的禁止に関するもので，第8項で，国際法の遵守を強調し，第9項で国際人道法の原則と規則を基礎とすることを明示し，第10項では，「核兵器のいかなる使用も国際法に違反するであろう」と考え，第11項は，「核兵器の使用は人道の原則に反する」ことを再確認している。

　第3の特徴は，本条約の交渉推進の大きな1つの要因として，第14項が「核軍縮のスローペース，軍事・安全保障政策における核兵器への継続的な依存，核兵器の生産，維持，近代化のための計画への経済的・人的資源の浪費」への懸念を表明していることである。

(2)　条約により禁止される活動

　条約の基本的義務を規定する第1条「禁止」では，条約により核兵器に関する以下の活動が禁止されている。

(a)　核兵器の開発，実験，生産，製造，その他の取得，所有，貯蔵
(b)　核兵器の移譲
(c)　核兵器の受領
(d)　核兵器の使用または使用の威嚇
(e)　禁止活動の援助，奨励，勧誘
(f)　禁止活動の援助の要求と受領
(g)　領域内への核兵器の配備の許可

　この規定は，最初の議長提案が基本的にはほぼ維持され，若干の変更があっただけである。「実験」の禁止と変更されたところは，当初は「核兵器の実験的爆発」の禁止となっており，もう1

つは，最後の段階で「核兵器の使用の威嚇」が含まれたことである。その他の強い要求として，「通過」の禁止および「融資」の禁止も含むべきだという主張もあったが，条約には含まれなかった。

さらに，条約で禁止されている活動を援助し，奨励し，勧誘することが禁止され，また条約で禁止されている活動に関して援助を要求したり，受領することが禁止されている。そのため，条約の解釈によっては，たとえば拡大核抑止に関する同盟国の活動が制限を受けたり，核兵器関連の融資なども禁止されていると，かなり広く柔軟に解釈される場合も生じてくるように思われる。

(3) 核兵器全廃に向けた措置

第4条（核兵器の全廃に向けて）では，特に核兵器を保有しまたは配備させている国家を条約に参加させる手続きが規定されており，まず核兵器を保有していたが条約が自国にとって発効する前に廃棄した締約国は，核兵器の不可逆的廃棄を検証するための権限ある国際機関と協力すべきであり，核兵器を保有する締約国は，核兵器を即時に実戦配備からはずし，できるだけ早く，第1回締約国会議で決定される最終期限までにそれらを廃棄すべきであり，他国が保有する核兵器を領域内にもつ締約国は，第1回締約国会議で決定される最終期限までに核兵器の早期の移動を確保すべきであると規定されている。

(4) 条約の組織化と最終条項

締約国会議は，条約の適用と履行に関する問題を審議し決定す

8

るために，条約発効後 1 年以内に第 1 回締約国会議を開催するこ
と，その後は 2 年おきに会議を開催することを定めている。条約
の発効手続きに関しては，この条約は 2017 年 9 月 20 日から署名
のために，ニューヨークの国連本部で開放されること，条約は批
准されなければならないこと，この条約は 50 番目の批准書が寄
託された後，90 日で効力を発生すると規定されている。

4　条約への反対論

⑴　条約反対への具体的主張

　この条約には核兵器国をはじめ，核の傘の下にある国々も反対
しており，条約支持国との間に大きな対立が生じている。まず米
国，ロシア，英国，フランス，中国の 5 核兵器国はその共同声明
において以下のように反対している。

　　「5 核兵器国（P5）は，世界の戦略的な文脈を無視した核軍縮
　へのアプローチを追求する努力に深い懸念を表明する。そのよ
　うな努力は，NPT 体制を数十年にわたって強化するのに有益
　であり国際の平和と安全保障への NPT の貢献を促進してきた
　コンセンサスに基づくアプローチを危うくするものであり，将
　来の NPT 再検討会議でのコンセンサスの展望に否定的な影響
　を与えるであろう。」

2016 年の国連総会において，米国は反対の理由として以下の 4
点を挙げている。
　①　核兵器禁止条約は，核兵器を保有する国家を含まないので，
　　一層の削減に導くものではない。

② 核兵器禁止条約は現存の不拡散・軍縮レジームを弱体化させるものである。

③ 検証制度は軍縮および不拡散協定の成功のための基本的な要素の1つであるが，核兵器禁止条約はそれを含んでいない。

④ 核兵器禁止条約は地域的安全保障を損なうものであり，根底にある安全保障の懸念に取り組むことなく現在の安全保障取決めを拒否するよう求めるのは非現実的である。

NATO の非核兵器国および日本，韓国，豪州を含む 26 カ国は，核廃絶については関連する政治，安全保障，人道的な考慮に対応することが重要であり，核軍縮は，地域的および世界的安全保障への考慮なしには達成されないのであって，核兵器禁止条約は，核兵器を開発しないことを NPT によりすでに約束している非核兵器国のみに関わり，すでに存在する義務を反映するもので，混乱とあいまいさを作り出すものであり，義務が履行されていることを確保するメカニズムも備えていないと非難している。

(2) 条約反対論の分析

① 新たなアプローチの提案

核兵器禁止条約への反対論の中心にある最も重要な論点は，核兵器廃絶に向けて最も好ましいとそれぞれが主張しているアプローチあるいはプロセスの違いである。これまでの伝統的な核廃絶へのプロセスは，核兵器国が主として主張するステップ・バイ・ステップ・アプローチであり，また核の傘の下にある非核兵器国が主張するブロック積み上げの漸進的アプローチであった。この2つのアプローチに共通するのは，核廃絶に向けてのプロセ

スは核兵器国が中心となり，核兵器国を含むものでなければならず，決定はコンセンサスによらなければならないというものであり，さらに実際的に可能な措置から徐々に進めるべきで，核軍縮措置は検証を伴わなければならないというものであった。

これに対して今回主張されている核兵器禁止条約によるアプローチは，核兵器国の参加を必ずしも必要としないこと，決定はコンセンサス方式を採用しないこと，条約は核兵器の禁止を定めるもので，核兵器の廃棄や検証は後の段階で検討すべきことという基本的原則に基づいて推進されている。これらの諸原則は伝統的な核軍縮交渉のアプローチとは大きく異なるものであり，これらの側面からの反対論は基本的な原則の対立に起因している。

特に，核兵器国および核の傘の下にある非核兵器国が主張するアプローチは，過去数年にわたり何らの成果も生み出していないものであり，その点からしても十分な実効性を持つものとは考えられないし，核軍縮にまったく進展がみられないので，核兵器禁止条約推進国は新たなアプローチを提案しているのである。

② 安全保障への脅威

第2に，上述のアプローチの違いに基づく反対論と共通するのは，核兵器禁止条約は安全保障の側面をまったく考慮していないという批判である。核兵器国の基本的な立場は安全保障が確立されて初めて核兵器の廃絶は可能であるというものであり，核の傘の下にある非核兵器国は人道的側面と安全保障の側面の両者を考慮すべきであるというものである。これらの国は自国の安全保障の中心的部分を核兵器に依存している諸国である。

これに対して核兵器禁止条約を推進している諸国は，核兵器の

非人道性を基本的理由として核兵器の廃絶を推進しようとしており，核兵器は各国のあるいは国際的な安全保障を強化するものではなく，逆にそれを一層危険にさらすものであると理解しているからである。核兵器が使用されれば，紛争の当事国のみならず世界のすべて国がその影響を受けるであろうし，人類全体の安全保障が損なわれると考えている。

③　NPT の重要性

第3の反対論の論点は，核兵器禁止条約は既存の核軍縮・不拡散体制である NPT 体制を弱体化するというものである。NPTは5核兵器国には核兵器の保有を認め，他のすべての国の核兵器取得を禁止するもので，差別的な性質を有するものであるが，核不拡散体制の基本的条約として，また第6条の核軍縮交渉義務を含む条約として重要であると一般に考えられ，支持されている。

しかし核兵器禁止条約を推進する諸国は，NPT が現在の核軍縮・不拡散の基盤であることをしばしば強調し，核兵器禁止条約が NPT と対立し矛盾するものではなく，それは NPT に基づき NPT の義務を補完し実施するものであると主張し，特に NPT 第6条の核軍縮の義務の履行に当たるものであると主張している。

④　支持国と反対国の対立

第4の論点は，核兵器禁止条約が交渉され，122 カ国の賛成を得て採択される状況となり，支持国と反対国との対立が激しくなっていることへの危惧である。この問題は今後とも継続するであろうし，うまく対応しないと，さらに激化する可能性もある。反対国のように，両グループの対立が激化するので核兵器禁止条約は好ましくないという主張は，自分たちの立場は尊重されず，

それと異なるアプローチが採用され，核兵器禁止条約が成立した
ことに対する批判であり，逆の立場から見れば，核兵器国や核の
下にある諸国が対立をあおり，分裂を主張しているとも考えるこ
とができる。

5　条約の意義と今後の課題

(1)　条約の意義

　この条約は，核兵器を1つも削減するものではなく，核兵器国
も当分参加しないだろうから，現実に核兵器の削減や廃棄を進展
させるものではない。またこの条約は北朝鮮の核問題の解決に直
接役立つものではない。それらの観点から，核兵器国や核の傘の
下にある非核兵器国は，この条約は実効性をもたないと非難して
いる。この条約は核兵器を保有していない諸国により作成された
ものであり，その目的は具体的な核削減ではなく，長期的な観点
から核兵器に悪の烙印を押し，非正当化し，核廃絶を推進しよう
とするものである。

①　人類の生存のための安全保障

　この条約の第1の意義は，核軍縮への人道的アプローチを採用
することにより，これまでの核軍縮の議論の枠組みを大きく変更
させたことである。これまで核軍縮の議論は，国家の軍事的な安
全保障という側面に焦点を当てて議論されてきており，それは，
核兵器は国家の軍事的な安全保障にとって有益であるという前提
の中で議論されてきた。

　それに対して，この条約の理論的枠組みの中心は，国家の安全
保障ではなく，人類全体の安全保障の確保であり，また軍事的安

全保障ではなく，気候や環境の安全保障，経済的社会的な安全保障，人間の安全保障といった人類の生存全体に対する脅威という観点を強調するものとなっている。

　今回の核兵器禁止条約の採択は，従来の国家の軍事的な安全保障からのアプローチでは限界があること，人道的なアプローチが有効なものであること，安全保障も従来の狭義の安全保障，すなわち国家の軍事的な安全保障ではなく，主体も客体も拡大された広義の安全保障，すなわちすべての人類の生存そのものに関連する安全保障の観点から考えるべきことを明確にするものである。

② 核軍縮の現実への異議申立て

　第2の意義は，核軍縮の停滞さらには安全保障政策における核兵器の役割の増強および核兵器の近代化計画の推進など，現在の核兵器を巡る状況が核軍縮と正反対の方向へ進んでいることの指摘であり，現在実行されている方向は好ましくないという核兵器国および核の傘の下にある非核兵器国への異議申し立てという側

表1-1　核兵器禁止条約の批准国（2019年10月1日）32カ国

アジア	パレスチナ，タイ，ベトナム，カザフスタン，バングラデシュ，ラオス，モルジブ
欧　州	オーストリア，バチカン，サンマリノ
アフリカ	ガンビア，南アフリカ
中南米	コスタリカ，キューバ，エルサドバドル，ガイアナ，メキシコ，ニカラグア，パナマ，セントルシア，セントビンセント＆グラナディネス，ウルグアイ，ベネズエラ，ボリビア，エクアドル，トリニダード・トバゴ
大洋州	クック諸島，ニュージーランド，パラオ，サモア，バヌアツ，キリバス

面である。

この条約は，条約反対諸国の核軍縮に向けての実際の活動および取組みに関して，NPT 第6条の義務にもかかわらず，まったく成果がないことを指摘し，これらの諸国を非難しており，それは条約の成立の重要な側面となっている。

(2)　条約の今後の課題
①　分裂と対立の構図

大きな課題の1つは，核兵器国および核の傘の下にある非核兵器国がこの条約に強烈に反対している現状であり，条約支持国と反対諸国との間の分裂および対立が発生していることであり，この分裂と対立をどのように緩和し，解消していくべきかという困難な問題である。条約支持国は，条約の署名を進め，早い時期に条約は発効すると予測される。したがって，条約締約国の間では，禁止条約の内容が実施されていくが，核兵器国や核依存国は条約に参加しないだろうから，彼らは禁止条約の義務に拘束されることはありえない。

しかし政治的には，核兵器禁止条約締約国がNPT よりもその条約を重視するということは起こるかもしれない。しかし，条約の支持国も反対国も両グループの分裂と対立を緩和し解消するために積極的に努力し，それぞれの条約義務を誠実に実施することが，この条約の意義を発揮させるためにも不可欠であると考えられる。特に，条約支持国は，NPT の価値を下げることになるような行動を決してとらないことが重要である。

② 条約の実効性

第2の将来の課題は，禁止条約の支持国が今後どのようにして条約の目的を達成していくのかという問題である。通常の条約であれば，条約が発効することにより新たな義務が締約国に課され，それらの義務が実施されていくことにより，条約の目的が達成されていく。しかし，核兵器禁止条約の場合には，条約が発効しても，締約国が新たに引き受ける義務はほとんどなく，その意味での実効性はほとんど存在しない。

したがって，条約を支持し推進してきた諸国は，条約の採択と発効によりその任務が終了するのではなく，そこから新たな努力を開始する必要が生じていることを深く認識して，今まで以上に核兵器の非正当化のために行動する必要がある。核兵器禁止条約に反対している諸国はあらゆる手段を用いて，核兵器禁止条約の存在意義を過小評価し，できれば無意味にするため努力をするであろうから，条約支持国が条約の採択や発効に満足して行動を停止するならば，条約の目的は達成されない状況となるだろう。

第2章

核兵器削減への道のり

　核兵器の削減については，まず1970年代に戦略兵器制限交渉（SALT）が行われ，米国とソ連の核兵器の数を制限する条約が作成され，1980年代には中距離核戦力（INF）を全廃するINF条約が作成された。さらに1990年代には戦略兵器削減交渉（START）が行われ，戦略兵器削減条約（START条約）が作成され，2000年代には戦略攻撃力削減条約（SORT条約）が作成され，2010年代には新戦略兵器削減条約（新START条約）が作成され，ピーク時には7万発あった核兵器は，現在では1万5000発に削減されて

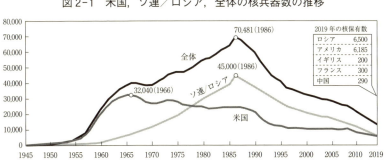

図2-1　米国，ソ連／ロシア，全体の核兵器数の推移

いる。

　米ソ（ロ）の交渉では，両国の間で直接攻撃が可能な射程の長いものを戦略核兵器と呼び，それ以外を非戦略核兵器と一般に呼んでおり，INF 条約の規制する中距離ミサイルはそこに含まれている。

1　中距離核戦力条約（INF 条約）

(1)　INF 条約の内容と意義

①　ソ連による中距離弾道ミサイルの配備

　中距離核戦力に関する問題は，1970 年代末において，SALT により米ソ間で戦略レベルではおおよその均衡が成立した時期に，ソ連が新たな中距離弾道ミサイル SS20 の配備を開始し，中距離核戦力ではソ連が圧倒的に優位に立ったため，NATO の欧州諸国が米国の拡大核抑止に疑問を抱き，米国と欧州との切り離し（デカップリング）を恐れたことから発生した。1979 年 12 月に NATO は，ソ連との交渉を始めることおよび NATO も中距離核戦力を配備するという「二重決定」を行い，1981 年から交渉が開始されたが進展が見られず，1983 年に NATO による配備が開始され交渉は終了した。

　その後再開された交渉においては，ロシアにゴルバチョフ書記長が出現し，新たなさまざまな政策を提案し実施していったこともあり，1986 年のレイキャビク首脳会談で中距離核戦力に関しては潜在的な合意が成立し，1987 年 12 月 8 日に INF 条約が署名され，翌 1988 年 6 月 1 日に発効した。条約の基本的な内容は，両国が保有する地上配備の射程 500-5500 キロのすべてのミサイ

ルを3年間で廃棄することであり，その後も生産と飛行実験をしないことである。廃棄に関しては，現地査察を含む厳格な検証が行われ，米国は866，ソ連は1752のミサイルを廃棄した。

② 冷戦の終結

この条約は，冷戦の厳しい時代にあって，米ソ間の最大の対立事項であった課題に対し，レーガン米国大統領とゴルバチョフ・ソ連書記長との間で真剣な交渉が行われ，グローバルな規模で地上配備の中距離ミサイルを全廃するという画期的な合意に到達することができた。この条約の成立および履行を通じて，米ソ間の対立の大幅な緩和が進展し，1989年12月には，米ソのマルタ首脳会談で「冷戦の終結」が宣言された。さらにその流れを引き継ぎ，1991年7月には，両国の戦略核兵器の運搬手段と弾頭の数を約半減することを定めるSTART条約が署名された。

このように，INF条約は冷戦の終結へと導き，さらに戦略兵器の大幅削減をもたらしたその出発点であり，米ソの対立を基軸とする第2次世界大戦以降の国際関係を終結させ，新たな国際協力関係の強化の方向に世界を進める契機となったきわめて重要な条約である。

(2) INF条約からの離脱

① ロシアによる条約違反

2019年2月2日に米国のポンペオ国務長官は，INF条約から離脱するという正式の通告を行い，6カ月後の8月2日に条約は失効した。米国の条約からの離脱の第1の主要な原因は，ロシアが条約規定に違反して，新たな地上配備の中距離ミサイルを実験

し，配備しているというものであり，ロシアが一方的な軍事的利益を得ているので，米国は自国のみが規制されることはできないというものである。

　ロシアのプーチン大統領は，米国が条約を停止したので，我々も同様に条約を停止すると述べた。ロシアは，米国からの違反の抗議に対し，条約に違反するような行動をとっていないと違反を否定しつつ，米国がルーマニアに配備しているイージス・アショアはINF条約に違反するものであると主張している。

　②　中国の軍事力増強

　米国の離脱の第2の理由は，中国の軍事力増強への対抗である。政治的および経済的に大国になったと考えられている中国は，軍

表2-1　START条約，SORT条約，新START条約の比較

条　　　約	START条約	SORT条約	新START条約
署 名 日	1991.7.31	2002.5.24	2010.4.8
発 効 日	1994.12.5	2003.6.1	2011.2.5
削減履行日	2001.12.5	2012.12.31	2018.2.5
失 効 日	2009.12.5	2011.2.5	2021.2.5
運搬手段の数	1,600		700/800
運搬手段の構成	規制あり		
弾頭の数	6,000	1,700-2,200	1,550
弾頭数の内訳	規制あり		
弾頭計算のルール	規定あり		規定あり
通告とデータ交換	規定あり		規定あり
検　　　証	13種類の現地査察		2タイプの現地査察
履行機関	合同遵守査察委員会	2国間履行委員会	2国間協議委員会

事的にも米国に脅威を与えるものになりつつあるとトランプ政権は判断しており，ロシアと共に中国が戦略的競争国であると明言している。また INF 条約離脱に関しても，条約に参加していない諸国，特に中国が条約に規制されることなく中距離核戦力を増強している状況をきわめて深刻に受け取っており，米国は中国その他の国を含む新たな多国間条約の作成を主張している。

2 戦略兵器削減条約（START 条約）

⑴ START 条約の形成過程

1982 年に開始された交渉は，両国間の関係悪化のためまったく進展せず，1985 年 11 月のジュネーブ首脳会談において，レーガン大統領とゴルバチョフ・ソ連書記長は，「核戦争に勝者は存在しないし，核戦争は決して戦われてはならない」という原則に合意し，戦略攻撃兵器の 50％削減に原則合意した。1986 年 10 月のレイキャビク首脳会談において，運搬手段を 1600 に，核弾頭を 6000 に削減することに合意があったが，宇宙空間に壮大なミサイル防衛システムを構築するという戦略防衛構想（SDI）にレーガン大統領が固執したため，合意には至らなかった。

1989 年に誕生したブッシュ（父）大統領は SDI を放棄したため，両国の合意が可能になり，1990 年 6 月の首脳会談で START 条約の基本的枠組みが共同声明として発表され，1991 年 7 月 31 日に START 条約が署名された。その後 1991 年 12 月にソ連が崩壊したため，核兵器が配備されていたロシア，ウクライナ，カザフスタン，ベラルーシと米国の間で「START 条約議定書」が締結され，ロシアが各国の核兵器を引き継ぐこととされ，条約は

21

1994 年 12 月 5 日に発効した。

(2) START 条約の内容とその実施

　まず戦略運搬手段として，大陸間弾道ミサイル（ICBM），潜水艦発射弾道ミサイル（SLBM），重爆撃機が含まれるが，それらを 7 年間で 1600 に削減することが義務づけられている。条約署名時に，米国は 2246，ソ連は 2500 保有していたので，米国は 29％，ロシアは 36％削減しなければならない。次に弾頭数を 6000 に削減することになっているが，特殊な計算ルールがあるため，実際には半減に至らず，米国は 43％，ソ連は 41％削減することになっている。

　また 6000 の内訳として，ICBM と SLBM の弾頭の総数を 4900 にすることも合意された。さらにソ連のみが保有している重 ICBM については 50％削減の規定があり，移動式 ICBM の上限は 1100 とされている。なお重爆撃機は弾道ミサイルに比べて軍事的脅威が小さいことから，重爆撃機に搭載される空中発射巡航ミサイル（ALCM）の数は実際の半数程度に計算されている。

　条約義務の検証については，基本的には INF 条約を踏襲しているが，対象兵器がより広範であり，全廃ではなく一定の削減であることから，それよりも詳細な規定を置いており，現地査察についても 13 種類の措置が規定されている。

　この条約に引き続き第 2 次戦略兵器削減条約（START II 条約）が 1993 年 1 月に署名され，戦略核弾頭を 3000-3500 に削減することが合意されたが，条約は発効しなかった。

3 戦略攻撃力削減条約（SORT 条約）

(1) SORT 条約の成立の背景

米国のブッシュ（子）大統領は，2001 年 5 月の国防大学での演説において，ロシアはもはや脅威ではなく敵ではないとし，戦略核兵器の一方的な削減と新たな脅威に対するミサイル防衛の必要性を強調した。同年 11 月の米ロ首脳会談において，米国は実戦配備戦略核弾頭を今後 10 年で 1700-2200 のレベルに削減することを伝えたが，プーチン大統領はそれを評価しながらも，検証や管理の問題を含む条約の形で作成することを主張した。

米国は 1972 年の弾道弾迎撃ミサイル（ABM）条約からの離脱を，2001 年 12 月に通告したが，これはミサイル防衛の制限に関する基本的な条約からの離脱であり，ロシアにとっては戦略関係の基本的枠組みの消滅であり，その後の米ロ関係に大きな影響を与えることになった。米国は，両国の交渉により条約が成立したのではなく，米国の一方定な決定を法的文書にするだけであるという解釈に基づいて，SORT 条約の作成に合意した。両国は，2002 年 5 月 24 日に SORT 条約に署名し，条約は 2003 年 6 月 1 日に発効した。

(2) SORT 条約の内容

上述の条約の成立過程からも明らかなように，この条約は前文と本文 5 カ条からなるきわめて簡潔な条約であり，その内容は，「各締約国は，戦略核弾頭を削減し制限するものとし，2012 年 12 月 31 日までに各締約国の総数が 1700-2200 を超えないようにする」というものである。この条約は「戦略核弾頭」の定義を含ん

でいないため，米ロの解釈の違いもあり，不明確であり，核弾頭の計算ルールも含まれていない。さらに戦略攻撃兵器の三本柱である ICBM，SLBM，重爆撃機の内訳も規制もなく，削減され撤去される核弾頭や運搬手段の取り扱いの規定もなく，廃棄の規定もない。さらに軍縮条約の基本的要素と考えられる検証の規定もまったく含まれていない。条約の有効期限は戦略攻撃兵器の削減の期日と同じ 2012 年 12 月 31 日となっており，削減の実施と同時に条約が消滅することになっていた。実際には，新 START 条約が 2011 年 2 月 5 日に発効したため，その時点でこの条約は失効した。

　このように，SORT 条約は 1990 年代の米ロ関係の全般的な悪化のなかで，START プロセスに代わる新たな道筋として，条約を作成したこと自体は評価できるが，内容は米国の一方的決定の実施であり，義務がきわめて柔軟的に規定されている。したがって，法的側面からはきわめ不明確な内容の条約で，締約国の自由裁量が大きく残されたものであり，検証規定もなく，条約に求められる予測可能性の点からも不十分であり，両国の戦略的安定性の維持にも十分ではなかった。これはブッシュ政権の米国単独主義の主張を実践するものであった。

4　新戦略兵器削減条約（新 START 条約）

(1)　新 START 条約の交渉過程

　2009 年 1 月に誕生したオバマ政権は，核軍縮にきわめて積極的な態度を示し，同年 4 月 1 日のメドベージェフ・ロシア大統領との首脳会談で，戦略核兵器の削減交渉の開始に合意し，直後の

第 2 章　核兵器削減への道のり

4 月 5 日にチェコのプラハにおいて,「核兵器のない世界」における平和と安全保障を追求するという有名な演説を行った。

同年 7 月の首脳会談では,条約の基本的内容として以下のことが合意された。

① 条約発効後 7 年で,運搬手段は 500-1100,核弾頭は 1500-1675 の範囲に削減する

② 計算の規定

③ 定義,データ交換,通告,廃棄,査察・検証

④ 戦略攻撃兵器の構成と構造を自ら決定

⑤ 戦略攻撃兵器と戦略防御兵器の相互関係に関する規定

交渉の対立点は,ミサイル防衛の取り扱い,ミサイル搭載の弾頭の数を増加させる可能性,通常兵器搭載の戦略兵器などであった。

2010 年 3 月の電話による首脳会談により,新たな条約に関するすべての側面に最終合意が達成され,条約はチェコのプラハにおいて両大統領により 4 月 8 日に署名された。その後両国の議会の承認を得て,条約は 2011 年 2 月 5 日に発効した。

(2)　新 START 条約の内容と実施
①　戦略攻撃兵器の削減

この条約の目的は戦略攻撃兵器の削減であり,その対象となるのは,運搬手段としては ICBM と ICBM 発射機,SLBM と SLBM 発射機,重爆撃機であり,弾頭としては ICBM 弾頭,SLBM 弾頭,重爆撃機核兵器である。条約は以下の 3 つのカテゴリーにおいて,7 年間で削減するよう規定している。

25

1) 弾頭については，配備 ICBM，配備 SLBM，配備重爆撃機で計算される核弾頭の総数を 1550 以下に削減する。

2) 配備 ICBM，配備 SLBM，配備重爆撃機の総数を 700 以下に削減する。

3) 配備および非配備 ICBM，配備および非配備 SLBM，配備および非配備重爆撃機の総数を 800 以下に削減する。

つまり，配備弾頭を 1550，配備運搬手段を 700，配備および非配備運搬手段を 800 に削減するものである。

② 重爆撃機の規制

弾頭の計算ルールによれば，配備されている ICBM と SLBM の弾頭は実際に搭載されている数が計算される。しかし配備重爆撃機については，通常 8 から 20 の核弾頭を搭載しているが，1 弾頭を搭載しているものと計算される。これは両国とも日常的に核弾頭を搭載しておらず，近くの貯蔵所に保管していること，重爆撃機は速度が遅く飛行開始後に呼び戻すことが可能で，先制攻撃用の兵器とは考えられておらず，安定性を維持するものと考えられているからである。

また規制の対象として，重爆撃機は核弾頭と規定されているが，ICBM と SLBM の場合は弾頭とのみ規定されている。これは米国が将来的に，通常弾頭を搭載した ICBM などの開発を検討しており，その場合も条約の対象として計算されることになっている。また戦略兵器の内訳に関しては，その構成および構造は自ら決定する権利が認められているため，ICBM，SLBM，重爆撃機の割合をどうするかは米ロそれぞれが決定できることになっている。

③ 現地視察

　この条約は ICBM や SLBM が実際に搭載している弾頭の数を規制しているため，その検証のためには現地査察が不可欠となっている。現地査察は相互に相手国で実施するので査察官には外交官に類似の特権および免除が与えられている。査察には以下の2つのタイプがある。

　タイプ1査察は，ICBM 基地，潜水艦基地，空軍基地で実施されるもので，主として配備された弾頭が主たる査察の対象となる。たとえば査察官が査察対象となる ICBM 基地に到着すると，国内護衛官がそこにある戦略攻撃兵器の詳細な情報を提供する。その後査察団の長は，配備 ICBM を含む1つの配備 ICBM 発射機を指定し，それに搭載されている弾頭の数を確認するために目視によって査察し，申告が正確であることを確認する。このタイプの査察は年間 10 回まで実施できる。

　タイプ2査察は，それ以外のさまざまな施設，たとえば装填施設，貯蔵施設，修理施設などで，非配備戦略攻撃兵器に関して申告されたデータの正確性を確認し，それらが転換され廃棄されたことを確認するためのものである。このタイプの査察は年間8回まで実施できる。

　この条約はこれらの削減を7年間で実施することを規定していたが，条約発効から7年経過した 2018 年2月5日までに，これらの削減は，現地査察による検証を伴いつつ完全に実施された。

　戦略核兵器の一層の削減に関しては，2013 年6月 19 日にオバマ大統領がベルリンでの演説において，ロシアとの交渉を通じて新 START 条約レベルからの最大3分の1削減するという提案

を行ったが，ロシアは関心を示さず，その後の米ロ関係の悪化も
あり，まったく進展は見られない。

④　新 START 条約の延長

新 START 条約をめぐる諸問題の中で重要な課題は，新
START 条約の延長問題である。この条約は有効期限が 10 年で
あるため，2021 年 2 月 5 日に失効することとなっている。ただ
し条約規定によれば，米ロの合意があれば条約は 5 年間延長され
ることになっている。ロシアはこれまでに条約の延長を支持する
意思を表明しているが，米国は延長の問題についてはまだ時間が
あるとして明確な意思を表明していない。

多くの専門家は新 START 条約の延長を主張している。この
条約は戦略核戦力の分野において米ロに同数の削減を義務づける
ものであり，条約発効から 7 年間で規定された削減は完全に実施
された。またこの条約には現地査察を含む侵入的な検証制度が含
まれており，米ロ両国は相手国の義務の実施を確認しつつ進めて
きた。これまで条約の履行に関して明確な違反の主張は存在しな
かったし，条約が米ロ関係の友好的な発展と戦略的安定性を維持
する重要な要素として機能してきた。したがって，この条約は米
ロ両国にとって有益な存在であると考えられる。

5　今後の核兵器削減の課題

(1)　戦略核兵器の削減

戦略核兵器に関する直近の課題は，間もなく失効する新
START 条約を延長するかどうかという問題であり，米国が早期
に延長を正式に決定し，両国の合意によりとりあえず 5 年間延長

第2章　核兵器削減への道のり

することが必要である。この決定は批准を必要とするものではなく，行政府の決定のみで可能である。

　次に米ロの間で一層の戦略核兵器の削減を交渉することであるが，米ロ関係が一般的に悪化している現状からの改善が必要であるし，ロシアは米国のミサイル防衛システムの展開の進展を危惧していることから，早期の交渉の開始は楽観視できない。1972年に米ソ間で締結された弾道弾迎撃ミサイル制限条約（ABM条約）は，両国のミサイル防衛を大きく制限するものであったが，米国のブッシュ（子）大統領は，2001年に同条約からの離脱を通告し，その後戦域ミサイル防衛を展開していった。現在では，戦略核兵器への影響もあるとロシアは主張している。

(2)　非戦略核兵器の削減

　米国の保有する非戦略核兵器は，NATOのドイツ，オランダ，ベルギー，イタリア，トルコに約200配備されている。冷戦後，ドイツ，オランダ，ベルギーは核兵器の役割は終わったのでそれらは米国に撤去すべきだと主張したが，ポーランドなど東欧から新たにNATOに加盟した諸国は撤去に反対してきた。NATOはコンセンサスで行動するため，2010年のNATOの戦略概念では，撤去の考えは合意されなかった。

　他方ロシアは，1830の非戦略核兵器を保有しており，交渉による削減には反対である。その理由の1つは，NATOが推進しているミサイル防衛の構築であり，NATOはこれらがロシアに対するものではなく，イランを対象としてのものであると反論しているが，それらが配備されていけば，戦略的バランスが崩れ，

29

ロシアの安全保障が損なわれると主張している。もう1つの理由
は，通常兵器においてはNATO側が圧倒的優位を維持しており，
それに対抗するために非戦略核兵器が必要であると考えている。

　非戦略核兵器の中心をなす中距離核戦力においては，地上配備
の中距離ミサイルの配備を禁止するINF条約に関して，最近，
米国はロシアが当該条約に違反して新たな開発および配備を開始
していると非難しつつ，2019年2月には米国が条約からの離脱
を宣言し，ロシアも条約の停止を宣言し，条約は同年8月2日に
失効した。米国は中距離核戦力の増強を予定しており，ロシアも
対抗すると述べているので，今後，この分野での軍拡競争が懸念
される。

(3)　米ロ以外の核兵器国の参加

　米国がINF条約を離脱したもう1つの理由は，中国はINF条
約の締約国ではないので，自由に開発し配備しており，それが米
国の脅威となっていると述べ，それに対応することを計画してい
る。米国はまた，中国を含めた3カ国でこの種の兵器の規制につ
いて交渉を始めることをも提案している。しかし中国が保有する
核兵器全体の数は290ほどであり，それぞれ6000以上保有する
米ロと今の時期に交渉を開始することに中国は否定的であるので，
近い将来に3カ国の交渉が始まるとはほとんど考えられない。

　このように，近い将来に米ロ以外の，中国，英国およびフラン
スが核兵器の規制や削減の交渉に参加する可能性はきわめて低い
ものであり，核兵器削減に関する核保有5カ国の交渉は期待でき
ない。しかしこれらの5核兵器国は，NPT第6条の下において，

第 2 章　核兵器削減への道のり

核軍拡競争を停止させ，核軍縮を行うために交渉する義務を負っているのであるから，まずは，情報交換など，透明性を高めるため，対話であれ協議であれ，そのための話し合いを積極的に進めるべきである。

また米ロは核兵器を削減しており，英仏，イスラエルも削減か同一かであるのに対して，中国，インド，パキスタン，北朝鮮は増強しつつある状況にも対応する必要がある。

表 2-2　核兵器保有数の最近 10 年の推移

	2010 年	2013 年	2016 年	2019 年
米　　　国	9,600	7,700	7,000	6,185
ロ　シ　ア	12,000	8,500	7,290	6,500
英　　　国	225	225	215	200
フ ラ ン ス	300	300	300	300
中　　　国	240	250	260	290
イ　ン　ド	60-80	90-110	100-120	130-140
パキスタン	70-90	100-120	100-130	150-160
イスラエル	80	80	80	80-90
北　朝　鮮	-	6-8	10	20-30

出所：SIPRI Yearbook を参照に著者が作成

第3章

核兵器の拡散をどう防止するか

　新たな核兵器国の出現を防止する核不拡散については，その中心に 1968 年の核不拡散条約があり，すでに大多数の国が参加しており，核軍縮に関する中心的条約となっている。しかし条約に参加しないで核兵器を保有するインド，パキスタン，イスラエルがあり，最近では北朝鮮が核兵器を開発し，イランについても開発の疑惑が問題となっている。また 5 核兵器国のみに核兵器の保有を認める条約は差別的であると考えられ，5 年ごとに再検討会議を開催しているが，条約で課されている核軍縮を交渉する義務については大きな進展がみられない状況である。

1　核不拡散条約（NPT）

⑴　NPT の交渉過程

　核兵器の不拡散とは，核兵器を保有する国家の増加を防止することであり，1950 年代末から議論されるようになった。米国，ソ連，英国が核兵器を増大し，米国の核兵器が西ドイツに配備され，原子力の平和利用が広まるという背景があり，さらに 1960 年にフランスが，1964 年に中国が核兵器を保有し，放置すると

33

さらに多くの国が核兵器を保有する状況になることが危惧された。

　交渉は 1965 年から 18 カ国軍縮委員会で開始され，米国とソ連が中心となって条約作成が進展し，条約の基本的義務である核兵器の移譲と受領の禁止および生産の禁止は米ソの合意でまず決定され，その後，保障措置，原子力平和利用，核軍縮の交渉に関する規定が議論され，条約は 1968 年 7 月 1 日に署名され，1970 年 3 月 5 日に発効した。

(2)　条約の内容

　この条約の基本的な前提は，核兵器国と非核兵器国の区分である。条約に定義された「核兵器国」とは，1967 年 1 月 1 日前に核兵器を製造しかつ爆発させた国であり，米国，ソ連（ロシア），英国，フランス，中国が核兵器国である。その他のすべての国は「非核兵器国」となる。

　第 1 の義務は，核兵器国は核兵器をいかなる者にも移譲しないこと，非核兵器国は核兵器をいかなる者からも受領しないことである。第 2 の義務は，非核兵器国は核兵器を製造しないことである。この製造の禁止を検証するために，非核兵器国は国際原子力機関（IAEA）の保障措置を受け入れなければならない。

　このように，条約の基本的義務は，核兵器を保有していない国が，核兵器を受領し，製造するのを禁止することであり，核兵器の保有を認められる 5 つの国と核兵器の保有が認められないその他のすべての国との区分という基本的構造をもつこの条約は，その意味で差別的な性質をもっている。この差別性を緩和するものとして含まれたのが，原子力の平和利用の権利であり，核軍縮の

第 3 章　核兵器の拡散をどう防止するか

ための誠実な交渉の義務である。

(3)　条約の普遍性の確保

　条約が交渉され始めた 1960 年代に，条約がないと核兵器を保有するかもしれないと考えられた国は，西ドイツ，日本，カナダ，スウェーデン，スイス，その他の西欧諸国など先進工業国であり，この懸念が米ソが条約作成を急いだ直接の原因であった。これらの国はすべて 1970 年代に条約に参加している。その後冷戦期において，核拡散の危険のある国としては，インド，イスラエル，南アフリカ，パキスタン，ブラジル，アルゼンチンなどがあった。

　冷戦が終結したことを受けて，米ソの支配体制に反対していたフランスと中国も NPT に加入し，一時 6 個の核兵器を保有していた南アフリカが，1991 年にすべての核兵器を廃棄して NPT に非核兵器国として加入した。また南米で核開発競争を行っていたブラジルとアルゼンチンもその計画を放棄し，条約に加入した。ソ連の崩壊により，ウクライナ，カザフスタン，ベラルーシにも一時核兵器が存在したが，これら 3 国も非核兵器国として NPT に加入し，自国に存在するすべての核兵器をロシアに移送した。

　このように NPT の普遍性は順調に拡大していった。条約は差別的な性質をもつものであるが，核兵器の拡散を防止することが国際平和のために有益であると一般に認識されたからである。いまだに条約に加入していないのは，インド，パキスタン，イスラエルの 3 国であり，インドとパキスタンは 1998 年 5 月に核実験を実施し，イスラエルは核実験をしていないが，一般に多くの核兵器を保有していると考えられている。北朝鮮は NPT の締約国

35

であったが，1993年3月に条約からの脱退を宣言し，後に撤回
したが，2003年1月に再び条約からの脱退を宣言し，2006年に
は核実験を実施した。

(4) IAEA保障措置の強化

① 核兵器への転用

1957年に設置されたIAEAは，原子力の平和利用を促進する
ための機関であるが，それと同時に原子力平和利用が核兵器に転
用されないよう確保し監視するため保障措置を適用している。
NPTが1970年に発効し，原子力平和利用の権利も規定している
ので，それが核兵器に転用されるのを防止するため，すべての非
核兵器国はIAEAの保障措置を受ける義務がある。

IAEAの保障措置は当初は，非核兵器国が申告する情報を基礎
として，核物質の計量管理を中心として保障措置を実施していた。
しかしその後の発展のなかで，1990年頃からイラクや北朝鮮が
必ずしも正しい申告を行わず，秘密裏に核兵器を開発しているの
ではないかという疑惑が発生した。

② 申告の正確性と完全性

そのためIAEAは，1993年から保障措置システムの実効性の
強化のための検討を開始し，1997年に「追加議定書のモデル」
を作成した。追加議定書は広い範囲の新たな情報提供義務を定め，
査察員の立ち入りの権利を拡大している。核物質の量と種類に関
する情報の申告のみを要求していた従来のものに代わって，締約
国の原子力活動全般に関して莫大な情報の申告を要求するものに
なった。査察員の立ち入り可能な場所もこれまでは申告された施

設に限定されていたが，疑いのある原子力サイトのあらゆる場所，および環境サンプリングのためすべての場所に拡大された。すなわち，これまでは締約国の申告が正しいかどうかの「正確性」を検証していたが，追加議定書ではさらに申告が完全であるかどうかの「完全性」をも検証するようになった。

　追加議定書はその国の原子力平和利用が本当に平和的なのかを検証するのに優れたものであり，日本，カナダ，オーストラリア，西欧諸国など原子力先進国は追加議定書をすでに受け入れ，核兵器国とともに，追加議定書が保障措置の基準であると主張している。他方，一部の開発途上国は，追加議定書は新たな協定であり，それを受諾するかどうかは義務ではないと主張し，また原子力平和利用を妨げるものであるとして反対している。

2　北朝鮮の核開発問題

(1)　核兵器の開発

①　NPT からの脱退

　北朝鮮は 1985 年に NPT に加入したが，1992 年まで IAEA との保障措置協定を締結しなかった。その協定に従って，北朝鮮の冒頭報告に対し IAEA が特定査察を行ったところ，報告との違いが発見されたため，IAEA が 1993 年 2 月に特別査察を要求すると北朝鮮はそれを拒否し，同年 3 月 12 日に NPT からの脱退を通告した。

　1994 年 10 月に米朝は枠組み合意に署名し，①北朝鮮の軽水炉建設に協力する，②政治的経済的関係の完全な正常化に向けて動く，③非核の朝鮮半島のため協力する，④国際不拡散体制の強化

37

表 3-1　北朝鮮核問題の年表

1985.12	北朝鮮，NPT 加入
1991.12	南北，朝鮮半島非核化宣言
1993.2	北朝鮮の核疑惑発生
1993.3	北朝鮮，NPT 脱退を表明
1994.10	米朝枠組み合意
2002.10	北朝鮮の濃縮計画
2003.1	北朝鮮，NPT 脱退を再び表明
2005.9	6 者協議，共同声明
2006.10	北朝鮮，初めての核実験
2009.5	北朝鮮，2 回目の核実験
2010.11	北朝鮮，大規模なウラン濃縮
2013.2	北朝鮮，3 回目の核実験
2016.1	北朝鮮，4 回目の核実験（水爆実験）
2016.2	北朝鮮，長距離弾道ミサイル発射
2016.9	北朝鮮，5 回目の核実験
2017.9	北朝鮮，6 回目の核実験
2017.11	北朝鮮，新型 ICBM 発射
2018.4	第 1 回南北首脳会談，板門店宣言
2018.6	第 1 回米朝首脳会談（シンガポール）
2018.9	第 2 回南北首脳会談（平壌）
2019.2	第 2 回米朝首脳会談（ベトナム）
2019.6	第 3 回米朝首脳会談（板門店）

に協力することに合意した。しかしこれは履行されなかった。

② **核実験と大型 ICBM**

2002 年 10 月に北朝鮮のウラン濃縮計画が発覚し，米朝関係が悪化し，2003 年 1 月に北朝鮮は NPT からの脱退を再び声明した。

第3章　核兵器の拡散をどう防止するか

米朝の他に日本，中国，ロシア，韓国を含む6者協議が2003年8月より開始され，2005年9月には，6者協議で，①北朝鮮がすべての核計画を放棄すること，②米国は北朝鮮を攻撃する意図のないことの表明などが合意された。しかしその後，2006年10月6日に北朝鮮は初めての核実験を実施した。

オバマ政権は当初は北朝鮮への対話を考えていたが，北朝鮮の強硬姿勢に遭遇し，北朝鮮に対して「戦略的忍耐」という政策を採用した。北朝鮮は合計6回の核実験を実施し，弾道ミサイル計画の推進のため多くの実験を行った。そのため，北朝鮮に対する国連のいくつかの制裁決議が採択され，米国などは独自の制裁を課していた。

2017年11月に，北朝鮮は米国本土を射程とする新型の大型ICBMの実験を行い，「国家核戦力完成の歴史的大業」を果たしたと発表した。

(2)　非核化の交渉
①　文在寅との板門店宣言

2018年4月27日に，文在寅韓国大統領と金正恩北朝鮮労働党委員長は，南北軍事境界線をまたぐ板門店で首脳会談を行い，その板門店宣言において，①南と北は休戦協定締結65年になる今年に終戦を宣言し，休戦協定を平和協定に転換し，恒久的で強固な平和体制構築のため南・北・米3者または南・北・米・中4者会談の開催を積極的に推進していく。②南と北は完全な非核化を通じて，核のない朝鮮半島を実現するという共同の目標を確認した。

39

②　トランプとの米朝共同声明

　2018年6月12日に開催された米朝首脳会談におけるトランプ米大統領と金正恩朝鮮労働党委員長の共同声明においては，「トランプ大統領は，北朝鮮に対して安全の保証を提供することを約束し，金正恩委員長は，朝鮮半島の完全な非核化に向けた揺るぎない，確固たる決意を再確認し」，以下の内容を表明した。①米国と北朝鮮は，両国民の平和および繁栄への願いに応じ，新たな米朝関係の樹立を約束する。②米国と北朝鮮は，朝鮮半島に持続的かつ安定した平和体制を築くため共に取り組む。③北朝鮮は，2018年4月27日の板門店宣言を再確認し，朝鮮半島の完全な非核化に向け取り組むことを約束する。

　この共同宣言は「安全の保証の提供」と「完全な非核化」を含んでおり，米朝の長い対立の歴史から見れば画期的なものであるが，具体的内容は不明確であり，今後の交渉に委ねられている。

　2019年2月27・28日に開催された2回目の米朝首脳会談は，完全な非核化の内容や非核化の工程に関する見解の相違と共に，見返りとしての制裁の解除についても見解の相違があり，合意は達成されなかった。しかしこの時期においては，北朝鮮は米国以外にも，韓国，中国，ロシアと積極的に首脳会談を実施しており，関係国の間で重要課題として議論が継続されている。米朝は2019年6月30日に板門店において3回目の首脳会談を行ったが，具体的な成果はなかった。

第 3 章　核兵器の拡散をどう防止するか

3　イランの核開発問題

(1)　核兵器の開発疑惑

　イランの核開発疑惑は 2002 年 8 月に発覚したウラン濃縮計画から始まり，ウラン濃縮停止を求めて英国，ドイツ，フランスがイランと交渉し，IAEA が警告決議を採択したが問題は解決せず，

表 3-2　イランの核問題の年表

1970.2	イラン，NPT を批准
2002.8	イランの核計画発覚
2004.11	イランと英仏独が合意
2005.9	IAEA が保障措置協定違反を認定
2006.1	イラン，ウラン濃縮再開
2006.12	国連安保理決議，ウラン濃縮停止
2007.3	国連安保理決議，制裁
2008.9	国連安保理決議，追加制裁
2009.9	イラン，第 2 のウラン濃縮施設
2009.11	イラン，6 カ国との合意拒否
2010.6	国連安保理決議，新たな制裁
2011.1	6 カ国との協議不調
2013.8	ロハニ政権の誕生
2015.7	イラン核合意
2016.1	欧米が制裁を解除
2018.5	米，イラン合意から一方的離脱
2018.8	米，対イラン制裁を再発動
2019.5	米，原油を全面禁輸
2019.5	イラン，合意の一部不遵守の表明
2019.7	イラン，合意の一部不遵守第 2 弾
2019.7	米，イランに追加の制裁

41

2006年1月にイランはウラン濃縮を再開した。6月に国連安保理の5常任理事国とドイツは，濃縮活動停止の要求と経済支援を含む包括提案を行ったが，イランは受け入れなかった。

2006年12月および2007年3月に，国連安保理はイランに濃縮活動を停止すべきことを決定し，制裁を課した。2008年3月に国連安保理は追加的な制裁を課した。イランの濃縮活動はさらに継続したため，2010年6月に国連安保理は新たな決議を採択し，濃縮施設，再処理施設，重水関連施設の即時停止と新規建設の禁止などと共に新たな制裁措置を決定した。このような国連安保理の制裁の下で，2011年1月のイランと上記6カ国の協議も物別れとなり，3月にIAEAは，イランが核兵器を開発していないとは確証できないと報告していた。

(2) イラン核合意
① 活動の制限と査察
2013年8月にイランに穏健派のロハニ政権が成立すると，上述の核交渉が再開され，2015年7月14日に，上記6カ国とイランの間で「共同包括的行動計画（JCPOA）」の最終文書が合意された。その目的は，イランが核爆弾1発分の製造に必要な量のウランが備蓄可能になるまで最低でも1年はかかるようイランの活動を制限することである。

濃縮に関しては，19000台ある遠心分離機を10年間5060台に制限し，20%濃縮を15年間3.67%に制限する。再処理に関しては，15年間新たな重水炉計画を禁止し，重水保有量の上限を130キロトンとする。恒久的措置として，使用済み核燃料を国外に搬

第 3 章　核兵器の拡散をどう防止するか

出し，再処理は実施しない。透明性確保の手段として，これまで限定的であった IAEA の査察をすべての施設で行う。

　イランに課されていた制裁に関しては，イランが検証可能な形で約束に従った場合に，制裁が緩和されること，米国による核関連制裁の枠組みは維持され，イランの不履行の場合に再発動されること，イランによる完全履行を受けて，過去の国連安保理制裁は解除されることが合意されている。実際には 2016 年 1 月 16 日に制裁は解除された。

　②　トランプによる合意からの一方的離脱

　2017 年 1 月に大統領となったトランプは，当初からこの JCPOA は最悪の取引であると非難していたが，2018 年 5 月 8 日に JCPOA からの米国の一方的離脱を宣言し，以前の経済制裁を復活することを決定した。IAEA はイランがこの協定を遵守していることを 3 カ月ごとに確認していた。離脱の主要な理由として米国は，協定の規制が最大 15 年という期限付きであること，イランはミサイルの開発を継続していること，イランはテロ支援を継続していることなどを挙げている。

　この米国による行動は，米国の狭い短期的な利益に従って行動する米国第一主義の表れであり，またトランプ支持者の意向を最大限優先するもので，国際的な協調や国際社会全体の利益などをまったく考慮しないものである。米国以外のすべての協定の当事国は米国の行動を非難したが，トランプ大統領はそれらをまったく無視して政策を遂行していった。イランは米国を非難しつつも，協定に留まる意思を表明した。

　米国の制裁は，米国だけでなく，イランと取引を続ける第三国

43

の企業にも制裁を課すものであり，8月7日に自動車部門などを対象に対イラン制裁を再開し，11月5日には米国は制裁を原油や金融部門にも拡大し，2019年5月2日には原油の全面禁輸を発動した。

　これに対してイランのロハニ大統領は，5月9日に，核合意の履行を一部停止し，60日以内に支援がない場合，高濃縮ウランの生産を再開し，重水の制限量を今後遵守しないと述べたが，現時点では核合意からの離脱の考えはないと表明した。しかしその後，制裁がさらに厳しくなるに従って，合意の内容を部分的に履行しない方向に進んでいった。

4　NPT の運用をめぐる会議

(1)　1995 年再検討会議

　NPT は核兵器に関するさまざまな措置を含むものであり，核不拡散は即時に効力をもつが，核軍縮は今後の行動に依存するものであるので，条約の運用を検討するための再検討会議が開催されている。

　1995 年は再検討ともに，条約の延長を決定する会議であり，そこでは条約の無期限延長が決定されるとともに，「条約の再検討プロセスの強化」，「核不拡散と核軍縮の原則と目標」および「中東決議」がパッケージで採択された。再検討プロセスに関する文書は，再検討の機会を増やし再検討の内容を拡大するものであり，中東決議は中東に核兵器や大量破壊兵器のない地帯を設置する努力を奨励するものである。

　核不拡散と核軍縮の原則と目標に関する文書は，条約への普遍

第3章　核兵器の拡散をどう防止するか

的参加の重要性，不拡散のための条約の履行とともに，核軍縮措置として，①包括的核実験禁止条約（CTBT）の1996年中の完成，②兵器用核分裂性物質生産禁止条約（FMCT）の即時交渉開始と早期の締結，③核兵器削減の決意を持った追求を勧告している。さらに非核兵器地帯の設置の奨励，非核兵器国に対する核兵器の使用禁止（消極的安全保証），IAEA保障措置の強化と効率化，原子力平和利用の権利の確認などを含んでいる。

(2)　2000年・2005年再検討会議

　2000年の会議では，過去の条約履行状況の検討についても，将来とるべき措置についても合意が達成され，コンセンサスで最終文書が採択された。核不拡散については条約違反問題および普遍性の問題が検討され，検証については包括的保障措置と追加議定書の重要性が強調され，核軍縮については具体的な13項目が勧告され，さらに非核兵器国への安全保証の提供などが合意された。

　この会議で中心的な役割を果たしたのは，新アジェンダ連合（NAC）で，それはブラジル，エジプト，アイルランド，メキシコ，ニュージーランド，南アフリカ，スウェーデンから構成され，5核兵器国との交渉を行い有益な合意へと導いた。特に重要なのは核軍縮に関する13項目であり，それは「核兵器を廃絶するという核兵器国の明確な約束」を含み，CTBTの早期発効，FMCTの交渉開始，核軍縮の協議開始，安全保障政策における核兵器の役割の低減，核兵器の運用状況の低下，非戦略核兵器の一層の削減などの措置を勧告していた。

45

その後 2001 年に誕生した米国のブッシュ政権は，外交全般においては国際協調主義ではなく単独主義，国連や国際法ではなく武力を強調し，核不拡散についてはさまざまな措置をとったが，核軍縮には関心を持たなかったこともあり，2005 年再検討会議は完全な失敗に終わった。

(3) 2010 年・2015 年再検討会議

① オバマによる「核兵器のない世界」へ

米国では 2009 年にオバマ大統領が出現し，核軍縮をきわめて重視し，核兵器のない世界を追求するために各国と協調することを約束した。まずロシアとの間で戦略兵器削減交渉を開始し，2010 年 4 月には新戦略兵器削減条約（新START 条約）の署名に至った。2009 年 9 月には国連安保理としては初めての核不拡散・核軍縮に関するサミットを開催し，5 核兵器国を含む各国首脳間で議論を行い，安保理決議 1887 を採択した。また 2010 年 4 月に発表された米国の核態勢見直し（NPR）報告書は，新たな核兵器を開発しない，核実験を行わない，核兵器に新たな任務を与えない，非核兵器国に核兵器を使用しないなど，核軍縮に向けたさまざまな政策を打ち出した。

2010 年の再検討会議は，このような米国の核軍縮に向けての積極的な態度を背景として，各国もきわめて協力的に行動したため，最終文書の採択に成功し，今後の行動計画として 64 項目に合意した。会議ではイランなど若干の国が会議の進展を妨害する行動をとったが，ほとんどすべての国は，核不拡散体制が弱体化しているのを回復し，さらに強化しなければならないと考え，核

兵器国は一定の核軍縮措置を追求することに合意し，会議は一般に成功であったと考えられている。

核軍縮については，オバマ大統領の主張する核兵器のない世界に向って努力することが一般に受け入れられ，核兵器禁止条約を勧める国連事務総長の案が注目された。また核兵器使用に対する人道的側面からの批判が広く共有され，使用禁止の方向が示され，安全保障政策における核兵器の役割の低減が勧告された。これは核兵器の唯一の役割は他国による核兵器の攻撃を抑止するものであるという考え方を進めるものであり，核兵器を保有しない国に対して核兵器を使用しないという消極的安全保証の考えを広めるものである。また2000年の最終文書に含まれる措置が実施されなかったため，それらと同じ措置が含まれている。

② 米ロ関係の悪化と意見の対立

2015年の再検討会議は，会議の内容に関する国際情勢は悪くなっており，米ロ関係の全般的な悪化に伴い，核軍縮交渉がまったく停滞している状況で開催された。特にロシアはウクライナ問題もあり，核兵器の役割を強化する方向を目指し，他の核兵器国も核兵器の近代化を推進していた。具体的には「中東非大量破壊兵器地帯」に関する意見の対立により最終文書を採択できず，一般に失敗だと考えられている。ただ，この会議において，核軍縮への人道的アプローチに関する議論が活発に行われ，また核兵器廃絶のための法的枠組みに関する議論も広く行われた。しかし，核兵器国の間における意見の対立の他に，核の傘の下にある非核兵器国とそれ以外の非核兵器国との間の見解の違いもあり，具体的な成果を生み出すことはできなかった。

47

5 核不拡散の今後の課題

(1) 非締約国の取り扱い

核不拡散条約には世界中のほぼすべての国が参加しているが，条約に参加することなく核兵器を開発し所有しているインド，パキスタン，イスラエルが存在しており，すでに多くの核兵器を所有し事実上の核兵器国となっている。しかしNPT上は非核兵器国であり，条約締約国はこれらの国を非核兵器国として取り扱う義務があるが，現状はあいまいな状態となっており，事実上核兵器国と認める方向に進んでいるが，それはNPTを大きく弱体化するものであり，この課題にどう対応するかが重要な課題となっている。

(2) 北朝鮮とイラン

北朝鮮の核問題をどう解決するのかという重要な問題があり，トランプ大統領が積極的に関与する態度を示しているが，彼の政策は米国第一主義であり，実際にうまく進展するかは疑わしい。またイランの核疑惑に関してはイラン合意が成立し，イランの核開発を停止させ，平和的な関係の構築に進む可能性があったが，トランプ政権はその合意から一方的に離脱し，イランに制裁をかけるという手段に訴えたため，この問題の行方も不確かなもの，あるいは悪化の方向に向かっているように思われる。

(3) 核軍縮の進展

NPTの三本柱と言われる核不拡散，原子力平和利用，核軍縮の進展に関して，核不拡散については保障措置の強化など一層の

第3章 核兵器の拡散をどう防止するか

措置が取られているのに対して，核兵器国による核軍縮は最近ほとんど進展がみられない。このことは多くの非核兵器国にとっては，きわめて不満の原因となっているので，核軍縮での一層の進展が，NPTの維持のためにも不可欠である。

第4章

核軍拡競争をどう止めるか

　核不拡散条約第6条は，核軍縮に関する効果的な措置を取るための交渉を行うことを義務づけるとともに，核軍拡競争の早期の停止に関する効果的な措置をとることを義務づけている。核軍拡競争は量的な側面と質的な側面を含んでおり，量的な側面では，核兵器の材料となる核分裂性物質の生産の禁止が議論されており，質的な側面では，核実験の停止が長らく議論され条約が作成されており，さらに核弾頭および核運搬手段の近代化が議論されている。

1　核実験と部分的核実験禁止条約

(1)　核実験の実施の実態

　核兵器の製造のためには，また核兵器の保有を顕示するためには，核兵器の実験を行うことが不可欠であり，逆に核実験を禁止することは，核兵器の拡散を防止し，核兵器開発の質的側面を防止することになり，核軍拡競争の停止の最も有効な措置であると一般に考えられている。広島，長崎に原爆が投下される前の1945年7月に米国ニューメキシコで最初の核実験が実施されて

51

以来，2059 回の核実験が行われた。米国に続いてソ連が 1949 年，英国が 1952 年，フランスが 1960 年，中国が 1964 年に最初の核実験を行った。1963 年には部分的核実験禁止条約（PTBT）が発効し，1970 年には核不拡散条約（NPT）が発効した。

その後インドが 1974 年に平和目的と称する核実験を実施し，冷戦終結後の 1996 年に包括的核実験禁止条約（CTBT）が署名さ

表 4-1　主要な出来事と各国の核実験の累計

年	出　来　事	米国	ソ連/ロシア	英国	フランス	中国	インド	パキスタン	北朝鮮
1945	米国の最初の核実験	3							
1949	ソ連の最初の核実験	8	1						
1952	英国の最初の核実験	34	3	1					
1960	フランスの最初の核実験	196	83	21	3				
1963	PTBT の発効	349	230	23	9				
1964	中国の最初の核実験	394	230	25	12	1			
1970	NPT の発効	663	331	26	39	11			
1974	インドの最初の核実験	760	416	27	63	16	1		
1990	冷戦の終結	1,019	715	44	198	36	1		
1996	CTBT の署名	1,032	715	45	210	45	1		
1998	パキスタンの最初の核実験	1,032	715	45	210	45	3	2	
2006	北朝鮮の最初の核実験	1,032	715	45	210	45	3	2	1
2019	2019 年の現状	1,032	715	45	210	45	3	2	6

出所：SIPRI Yearbook 2019 を参照し著者が作成

第4章　核軍拡競争をどう止めるか

れたが，まだ発効していない。その後パキスタンが1998年に，北朝鮮が2006年に核実験を行った。

(2)　部分的核実験禁止条約（PTBT）

1950年代に入って米国は水爆実験を太平洋諸島で実施するようになり，特に1954年3月のビキニ環礁での水爆実験で日本の第5福竜丸乗組員が放射性降下物の被害を受けた。これを契機に国際的に核実験禁止の世論が盛り上がり，米英ソの3国が核実験の包括的禁止の交渉を開始したが，現地査察を巡る問題などで対立し，交渉は進展しなかった。

1963年に入り，地下を除く環境での実験を禁止する条約の交渉に移り，同年8月5日にPTBTが署名され，同年10月10日に発効した。これは条約の正式名にあるように，大気圏内，宇宙空間，水中における核実験を禁止している。地下での核実験が除外されたため，検証に関する規定は含まれていない。大気圏内核実験による放射性降下物による被害をなくすという面でこの条約は重要な意義をもつものであるが，地下での核実験が許されているため，核軍拡競争を止めるものではない。技術的に進んでいた米英ソ3国は，その後は地下での核実験を継続した。

この条約は技術的に遅れた諸国の核実験を禁止するという核不拡散の目的をもっていたが，フランスと中国は条約に加入しないで，大気圏内での核実験を実施した。フランスは1960年代に南太平洋のムルロア環境で核実験を開始したが，放射性降下物の被害を受けたオーストラリアとニュージーランドは，その停止を求めて1973年に国際司法裁判所（ICJ）に提訴した。フランスはこ

53

れを機会に，大気圏内核実験を停止し，地下での核実験に移って
いった。

2　包括的核実験禁止条約（CTBT）

(1)　条約の形成過程

　冷戦の終結後，核実験のモラトリアム（自主的な一時停止）を
1990 年にロシアが，1991 年に英国とフランスが，米国が 1992 年
に開始した。中国は，核兵器の開発が最も遅れている国だとして，
年に 1，2 回核実験を継続していた。1993 年に米国のクリントン
大統領が CTBT の交渉の可能性に言及し，1994 年から本格的な
交渉がジュネーブの軍縮会議で開始された。

　この時期に交渉が開始された最大の要因は，冷戦の終結である
が，もう 1 つの要因は，1995 年に予定されていた NPT 再検討会
議である。条約の無期限延長を望む核兵器国は，そのためには核
軍縮が実行されていることを非核兵器国に示す必要があった。こ
の問題は，NPT 再検討会議の合意文書の中に，CTBT を 1996 年
中に完成させると書き込まれた。その結果，条約は 1996 年 9 月
に署名された。

(2)　条約の義務の内容

①　未臨界実験は許される

　この条約では，核実験は「いかなる場所」においても禁止され
ているので，地下を含むものとなり，「包括的」な禁止となって
いる。しかし禁止されているのは，「核兵器の実験」ではなく
「核兵器の実験的爆発」であり，爆発を伴わない実験，たとえば

「未臨界（臨界前）実験」は禁止されていない。

核兵器国は，未臨界実験は保有する核兵器の信頼性と安全性を維持するため不可欠であり，新たな核兵器の開発ではないと説明しているが，専門家の間では未臨界実験であっても核兵器の開発に有益であるとも言われている。米国は未臨界実験を含む大規模な「科学的備蓄計画」を推進している。

②　国際監視制度と現地査察

この条約は，包括的核実験禁止条約機関（CTBTO）の設置を予定し，その内部機関として締約国会議，執行理事会，技術事務局を備えている。条約義務の履行を確保する検証制度は，国際監視制度，協議と説明，現地査察から構成されている。国際監視制度には，地震波監視，放射性核種監視，水中音波監視，微気圧振動監視の4つが含まれており，これらの観測所が世界中に設置され，ネットワークが形成される。条約がまだ発効していないためCTBTOは設立されていないが，暫定事務局が設置され，観測所は大部分が完成し稼働している。

現地査察は条約が発効しないと実施できないが，その実施方法については，迅速な実施を主張する米国，英国，フランスなどと，慎重な実施を主張する中国，インド，パキスタンなどの見解が対立したが，理事会の執行理事会の51カ国中30カ国の賛成があれば実施できるとかなり緩やかに規定された。

(3)　条約はなぜ20年以上未発効なのか

この条約は署名から20年以上経過した今でもまだ発効しておらず，近い将来に発効する見込みはない。その原因は2つあり，

1つは条約の発効条件がきわめて厳しいことであり，もう1つは
条約交渉を先導した米国がこの条約に反対の姿勢を示しているこ
とである。

① 英国，フランス，ロシアの主張

条約交渉過程において，日本や米国は5核兵器国と他の数十カ
国の批准で条約は発効すべきだと主張したが，英国，フランス，
ロシアは5核兵器国の他にインド，イスラエル，パキスタンの批
准を条約発効の要件とすべきであると主張した。結果的には後者
の意見が採用され，それら3カ国の名前を条約に明示的に書くこ
とはできないので，軍縮会議に参加している国であって研究炉ま
たは動力炉をもつ国と規定され，44カ国が列挙された。2019年
現在で署名もしていなのは，インド，パキスタン，北朝鮮であり，
署名しているが批准していないのは，米国，中国，イスラエル，
イラン，エジプトである。

② 米国の反対

米国政府はクリントン大統領のイニシアティブによる交渉開始
に見られるように，CTBTには積極的で，クリントン政権自身
は条約に早期に署名している。しかし上院の多数派である共和党
は，CTBTによる核実験の禁止により，米国の核兵器の安全性
と信頼性が確保されないし，条約は他国の核実験を確実に探知で
きないという2つの理由から，批准に反対した。上院は1999年
10月に批准を拒否する決定を行った。

2001年に誕生した共和党のブッシュ政権はさらに強硬に
CTBTに反対した。2009年に発足した民主党のオバマ政権は核
軍縮にきわめて熱心であり，CTBTの上院による批准承認にも

第 4 章　核軍拡競争をどう止めるか

優先的な課題として取り組んだが，上院の支持を得ることはできなかった。2017 年に成立した共和党のトランプ政権は，核兵器増強の方針を示し，状況によっては核実験の再開を排除しないという政策を表明している。

③　条約発効の可能性

CTBT はまだ発効しておらず，署名もしていない国が存在する現状では早期の発効は困難に思われる。条約発効に向けての第 1 の措置は 5 核兵器国が続けているモラトリアムを継続することである。実験の禁止が長く継続されるほど，禁止の規範は強力となる。インドとパキスタンも 1998 年の核実験以来実験していない現状を継続すべきである。問題は北朝鮮であり，2006 年から 6 回の核実験を実施し，国連安保理の制裁を受けている。これ以上の核実験を行わせないために，国連の制裁とともに，朝鮮半島の緊張緩和に向けての措置を関係国は積極的に進めるべきである。

第 2 に，米国の批准も困難に思われるが，ロシア，英国，フランスが批准していることからして，米国に特有の問題があるとは考えられず，共和党を中心とする軍備拡張路線に問題があると考えられる。さらに国際法の拘束を嫌うトランプ政権の下では，署名している CTBT の署名撤回という可能性も危惧されるので，それを防止することが不可欠である。米国が批准すれば，中国も批准する可能性が高いと考えられている。

第 3 に，他の諸国に関しては地域的戦略環境が基本的課題であるので，南アジアにおいてはインドとパキスタンの緊張緩和と同時期の署名と批准，中東においてはイスラエル，イラン，エジプトの間においても同様の措置が必要であろう。北朝鮮の場合は，

57

朝鮮半島の平和と非核化の文脈で追求されるべきであろう。

3 核分裂性物質の生産禁止

(1) 兵器用核分裂性物質の現状

　兵器用核分裂性物質の生産を禁止する措置は，核軍拡競争の量的側面を規制しようとするものである。すなわち核兵器の材料となる高濃縮ウランとプルトニウムの生産を禁止するものである。これらの核分裂性物質は冷戦期を通じて米ソにより大量に生産されたが，米国とロシアについては，冷戦後の両国による核兵器の大幅な削減が実施され，核分裂性物質は余剰となっている。

　英国とフランスについても，冷戦後自国の核戦力を削減してお

表 4-2　兵器用核分裂性物質の保有推定量 (2018 年)

国名	高濃縮ウラン	プルトニウム
米　　　　国	571 トン	79.8 トン
ロ　シ　ア	679 トン	128 トン
英　　　　国	20.9 トン	3.2 トン
フ ラ ン ス	30 トン	6 トン
中　　　　国	14 トン	2.9 トン
イ　ン　ド	4 トン	0.57 トン
イスラエル	0.3 トン	0.92 トン
パキスタン	3.6 トン	0.31 トン
北　朝　鮮		0.04 トン
合　　　計	約 1340 トン	約 220 トン

出所：SIPRI Yearbook 2019 を参照し著者が作成

り，新たな核分裂性物質を必要としていない。これら4カ国はすでに兵器用核分裂性物質の生産を停止しており，生産モラトリアム（自主的な一時停止）を宣言している。他方，中国は生産モラトリウムに一貫して反対しており，核戦力の増強を行っているが，兵器用核分裂性物質を生産しているかどうかは明らかではない。

　NPT の締約国でないインド，イスラエル，パキスタン，北朝鮮は兵器用核分裂性物質の生産を継続している。

(2)　兵器用核分裂性物質生産禁止条約（FMCT）

　FMCT の交渉は1993年に米国のクリントン大統領により提案され，1995年には軍縮会議（CD）において交渉の開始が決定されたが，まだ CTBT が交渉中であったことや，他の議題との優先度などの問題もあり，実質的交渉は現在まで実施されていない。

①　開始されない条約交渉

　第1の理由は，軍縮会議における主要な議題として，「FMCT」，「宇宙における軍備競争の防止」，「核軍縮」，「消極的安全保証」が議論されており，各国の主張する優先度が異なっていることである。第2に，FMCT の内容について，多くの国は将来の生産の停止を考えているが，パキスタンはそれだけでなく，既存のストックパイルをも交渉対象に含めるよう強く主張していることがある。第3に，65カ国から構成される軍縮会議の意思決定のルールは，コンセンサスによることになっているため，1国でも反対すると決定がなされないという形になっていることがある。

②　禁止の範囲

　FMCT の交渉がまだ開始されていないので，条約の具体的内

容は確定されていないが，まず禁止の範囲に関して，核兵器国は主として「将来の生産」を禁止することを主張しており，開発途上国は「過去の生産」をも何らかの形で規制すべきであると主張している。将来の生産のみを禁止するのであれば，中国を除く4核兵器国はすでに生産を停止し，モラトリアムを宣言しているので，実際に影響を受けるのは，中国，インド，イスラエル，パキスタン，北朝鮮となる。これらの国は現在でも生産を継続しているか，その可能性が残されているからである。

　他方，核兵器国のストックパイルをも規制すべきという主張は，主として5核兵器国の核軍縮措置を含まなければならないというもので，条約の公平性の観点から主張されている。その場合，実戦配備されている核分裂性物質への規制というのは考えられないので，実戦配備されていない核分裂性物質への規制，あるいは余剰となっている核分裂性物質への規制となるだろう。

　③　検証制度の複雑性

　検証に関しては，将来の生産のみを禁止する条約であっても，閉鎖された高濃縮ウラン生産工場とプルトニウム再処理工場の査察が不可欠であるし，民生用のそれらの工場での生産物が核兵器に転用されないことを保証する制度が最低限必要である。さらに核兵器国のストックパイルをも規制する条約であれば，一層複雑な検証制度が必要になるであろう。

　④　交渉開始の追求

　現在の最大の課題は，いかにして交渉を開始するかという問題であり，これまで交渉は軍縮会議で行われるべきであるという前提で議論が行われてきたが，主としてパキスタンの強硬な反対で

第4章　核軍拡競争をどう止めるか

交渉の開始にすら合意できないという状況が長く続いている。したがって，まずパキスタンに対して，5核兵器国はFMCTの交渉の開始に同意するようさまざまな手段で迫るべきであるし，それが成功しない場合には，コンセンサス・ルールによらない交渉フォーラムを追求すべきである。たとえば，国連総会において交渉の開始を決定するとか，新たな交渉フォーラムを有志国で追求するなど，たとえパキスタンが交渉に参加しないとしても，大多数の賛成国を集めることによって交渉を開始する方向を追求すべきである。

4　核兵器の近代化

(1)　核軍拡競争の展開

　核兵器の近代化とは，新たなタイプの核兵器を開発，製造，配備するものではないが，これまでの兵器の機能を向上させ更新することを意味し，またサイズを増加させることが多く，新たな能力が追加される場合が多い。これは核弾頭および核兵器運搬手段の両方において実施される。現在の9つの核兵器保有国のすべてが近代化を実施しており，これは質的な側面における核軍拡競争である。

　その目的は，軍事的な優越性を獲得するためであり，他国との軍拡競争において，技術的側面および政治的側面において，核兵器の使用の有用性と信頼性を新たに強化することである。

(2)　各国の核軍拡競争

① 米国は，その核兵器運搬手段の更新の時期とも重なり，ト

ランプ政権においては大規模な近代化計画が発表されている。戦略三本柱においては，まず潜水艦発射弾道ミサイル（SLBM）搭載の戦略原子力潜水艦は，現在のオハイオ級からコロンビア級への近代化が計画されている。ICBM は現在のミニットマン III は地上配備戦略抑止（GBSD）（新型ミサイル）に代わり，爆撃機も次世代の B21 レイダーを開発配備し，空中発射巡航ミサイル（ALCM）を長距離撃退巡航ミサイル（LRSO）に代える計画である。

米国はまた，中距離核戦力の強化も計画しており，地上発射巡航ミサイルおよび中距離弾道ミサイルの実験，および低威力の SLBM 用の新たな弾頭および SLCM 用の新たな弾頭の開発を計画している。

② ロシアは，戦略核戦力の更新を実施しており，SS-18 重 ICBM の後継として RS-28 重 ICBM の実験，開発を行っており，鉄道移動式 ICBM も計画している。最新式のボレイ級戦略原子力潜水艦の建造も計画されている。戦略爆撃機 Tu-22M を近代化し TU-22M3M の配備を予定し，ロシアの非戦略核戦力も近代化と機能向上が行われている。さらにアバンガルド極超音速ミサイルの発射実験を行っている。

③ 英国では，ヴァンガード級戦略原子力潜水艦をドレッドノート級戦略原子力潜水艦に近代化する計画が進行中であるし，Mk4A 弾頭の近代化計画も行われている。

④ フランスでは，ル・トリオンフォン級戦略原子力潜水艦搭載の M51.1 ミサイルを M51.2 ミサイルに近代化し，さらに M51.3 ミサイルが開発中である。空対地中距離巡航ミサイルを搭載するミラージュ2000N 爆撃機をラファール F3 爆撃機に取り

第4章 核軍拡競争をどう止めるか

換えつつある。

⑤ **中国**は積極的に近代化を進めていると考えられており，射程14,000キロで10-12の核弾頭搭載可能なMIRV化ICBMのDF-41が最近配備された。中国は弾道ミサイル搭載原子力潜水艦をおよび長距離の戦略爆撃機を開発しており，極超音速ミサイルの開発も進めている。

⑥ **インド**は，ICBM，SLBM，戦略爆撃機からなる三本柱の構築に向けて精力的に開発を推進している。アグニ5移動式ICBMの発射実験，長射程のアグニ6 ICBMの開発を行っている。核搭載の原子力潜水艦の建造および原子力攻撃用潜水艦の建造をも進めている。

⑦ **イスラエル**は，ジェリコⅡ中距離弾道ミサイルに続いて，ジェリコⅢミサイルを開発中であり，ドルフィン級潜水艦をドイツから購入中である。

⑧ **パキスタン**は，インドに対する抑止力強化を目指して，核搭載可能な中距離・準中距離ミサイルの開発・配備を続けてきたが，核搭載の潜水艦の開発，さらに核搭載の原子力潜水艦の開発に進んでいる。

⑨ **北朝鮮**は，21世紀に入って核実験を実施した唯一の国であり，これまで6回の実験を行い，2017年の実験は160キロトンの威力をもつものであった。同時に多くのミサイル実験を実施し，またその射程距離を伸ばし，2017年11月の新型ICBM火星15型の実験は米国本土全域を含む約13,000キロに達する可能性があると考えられている。またSLBMの開発も進んでいると考えられている。

63

5 核軍拡競争防止の今後の課題

(1) 核実験の禁止に関しては，すでにCTBTが存在し，多くの国が署名し批准しているが，条約の発効に必要ないくつかの国が署名・批准していないために，条約自体は発効していない。この状況への対応が緊急に必要であり，現在の核実験モラトリアムを維持しつつ，まだ署名・批准していない8国に対して国際社会全体として継続して機会があるごとに圧力をかけていくべきである。特に米国の責任は重要であり，米国の積極的な行動が必要となっている。

(2) FMCTも長い間次に交渉されるべき具体的措置として議論されてきたが，特にパキスタンの拒否権により交渉が開始できないという状況が長く続いており，これを打破する必要がある。これは核兵器国が真剣に取り組むならば乗り越えられない課題ではないと考えられるので，核兵器を保有する国家はそのための努力を行うべきである。特に軍縮会議以外での交渉開始のために各国は努力すべきである。

(3) 核兵器の近代化の問題は，国際社会において国家間の競争が続く限りなかなか停止するのは困難な問題である。1国による近代化はその国の安全保障を向上させるとその国には解釈されるが，他国にとっては安全保障が低下すると解釈される「安全保障のジレンマ」の状況に陥っている。軍事的および政治的な対立を緩和し，国際協調主義を進めることで，さらに条約締結により「安全保障のジレンマ」を回避する方向へ転換することが必要である。

第5章

非核の地域をどう広げるか

　ある地域の諸国が条約により，核兵器が存在しない地域を定めるのが，非核兵器地帯であり，これまでに110カ国以上を含む5つの非核兵器地帯が設置されている。これは核兵器の拡散を防止するとともに，核兵器国からの核兵器の不使用の約束をも受け取るもので，その地域の平和と安全保障に大きく貢献するものである。すでに存在する非核兵器地帯の完全な実施が必要であるとともに，新たな非核兵器地帯の設置に向けての関係各国の努力が必要とされている。

1　非核兵器地帯の設置

①　核兵器の完全な不存在

　非核兵器地帯とは，複数国家の合意によりある地域に核兵器がまったく存在しない状況を創設し維持することであり，条約により設置される。「核兵器の完全な不存在」という形で定義される非核兵器地帯は，世界の各地域にそれを設置することにより，核兵器の拡散を防止するとともに，核兵器の使用の可能性をもなくそうとするものであり，国際の平和と安全保障を強化するもので

65

ある。

核兵器の不拡散は，非核兵器国に対し核兵器の保有および生産を禁止するものであるが，たとえばドイツのように，ドイツ国内に米国の核兵器の配備を禁止するものではない。他方，非核兵器地帯は核兵器国の核兵器の配備をも禁止しているので，「核兵器の完全な不存在」と言われている。現在では，非核兵器国に核兵器が配備されているのは，ドイツ，オランダ，ベルギー，イタリア，トルコの5カ国のみであるが，歴史的には欧州の多くの国々，日本，韓国などに配備されていた。この意味での概念としては，日本の非核三原則にある「持たず，作らず，持ち込ませず」と同様のものである。

② 不使用の義務

非核兵器地帯の概念には，核兵器国は地帯の構成国に対して核兵器を使用せず，使用するとの威嚇を行わないという義務が含まれている。これは「核兵器の完全な不存在」を維持するという地域の積極的な行動に対応して，核兵器国はその状態を尊重し，核兵器を使用しないという約束を行っているのである。この約束により非核兵器地帯設置が備えている国際社会の平和と安全保障の強化という効果が，いっそう明確に示されている。

今日においては，世界の110カ国以上が非核兵器地帯に含まれており，南半球はすべてが非核兵器地帯でカバーされている状況で，このように核兵器に依存しない地域を拡大していくことは，核兵器のない世界をめざした動きとも調和するものであり，今後もいっそうの非核兵器地帯の設置が期待されている。

第 5 章 非核の地域をどう広げるか

図 5-1 世界の非核兵器地帯

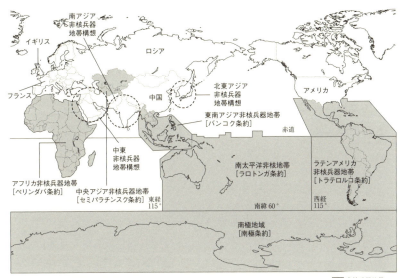

2 冷戦期の非核兵器地帯

(1) ラテンアメリカ非核兵器地帯（【1】トラテロルコ条約）

1962年のキューバ危機は，ソ連がキューバに中距離核ミサイルを配備したことに対し，米国が軍事力を用いて対抗したもので，核戦争の一歩手前まで進んだ危機であった。これを教訓として，ブラジルとメキシコを中心にラテンアメリカ諸国は，この地域に核兵器が配備されれば地域の諸国も核戦争に巻き込まれる危険が高まると認識し，この地域を核兵器のまったく存在しない地域とすることを目標に交渉を開始し，1967年に非核兵器地帯を設置した。

① ラテンアメリカ核兵器禁止機構（OPANAL）

トラテロルコというのは，条約が交渉されたメキシコの地名である。条約の正式名は，「ラテンアメリカおよびカリブ地域核兵器禁止条約」である。条約は核兵器の実験，使用，生産などとともに，受領，配備を禁止しており，条約実施のために「ラテンアメリカ核兵器禁止機構（OPANAL）」を設置した。

付属議定書Ⅰは，この地域内に領域をもつ米国，英国，フランス，オランダにその非核の地位の維持を求めるもので，すべての国が批准を済ませている。付属議定書Ⅱは，核兵器国がこの非核兵器地帯を尊重し，条約締約国に対して核兵器を使用せず，使用の威嚇を行わないことを約束するもので，1975年までに5核兵器国はすべて批准しており，これは核兵器の使用禁止を明記した最初の条約となっている。

表5-1　非核兵器地帯条約の状況

	地帯名	条約の通称	署　名	発　効	当事国/地域国	議定書批准国
【1】	ラテンアメリカ非核兵器地帯	トラテロルコ条約	1967.2.14	1968.4.22	33/33	米ロ英仏中
【2】	南太平洋非核地帯	ラロトンガ条約	1985.8.6	1986.12.11	13/16	ロ英仏中
【3】	東南アジア非核兵器地帯	バンコク条約	1995.12.15	1997.3.27	10/10	
【4】	アフリカ非核兵器地帯	ペリンダバ条約	1996.4.11	2009.7.15	41/53	ロ英仏中
【5】	中央アジア非核兵器地帯	セミパラチンスク条約	2006.9.8	2009.3.21	5/5	ロ英仏中

第5章　非核の地域をどう広げるか

② 33 カ国すべてが参加

　条約締約国に関して，冷戦期にはブラジルとアルゼンチンは南アメリカの覇権をめぐって核兵器の開発を目指していたため条約に参加しなかったが，冷戦後は両国の和解が進み，1994 年に両国に条約が適用されるようになった。2002 年にはキューバも条約を批准し，この地域の 33 カ国すべてが条約の締約国となり，条約は完全な形で効力を持つようになった。

(2)　南太平洋非核地帯（【2】ラロトンガ条約）

① 　フランスの核実験への反対

　この条約を作成しようとする最大の動機は，1966 年以来南太平洋ムルロワ環礁で実施されていたフランスの核実験をやめさせることであった。1973 年にはオーストラリアとニュージーランドはフランス核実験が国際法違反であると宣言すること，核実験を即時に停止することを求めて国際司法裁判所（ICJ）に提訴した。裁判所は明確な判断を示さなかったが，フランスはこれを契機に大気圏内での核実験を停止したが，地下での核実験は継続されていた。

　1975 年以来，南太平洋フォーラム（SPF）では，この地域を核汚染および核紛争への巻き添えの危険から解放するという目的を明確にし，1983 年から交渉を開始した。当時日本が放射性廃棄物を太平洋に廃棄する計画をもっていたことも，条約作成の動機の 1 つとなっている。この条約は 1985 年 8 月 6 日にクック諸島のラロトンガで署名され，翌年 12 月 11 日に発効した。

69

② 「核爆発装置」の所有・配備の禁止

この条約は，核兵器の完全な不存在の他に，環境保護をも重視
し，放射性廃棄物の投棄の禁止なども含んでおり，条約名も「非
核兵器地帯」ではなく「非核地帯」となっている。また禁止対象
も「核兵器」ではなく，平和目的核爆発装置をも含んでいるので
「核爆発装置」となっている。締約国は，核爆発装置の取得，所
有，管理を禁止され，その配備を防止することを約束している。

③ 米国のみが未批准

議定書１は，地帯内に領域を持つフランス，英国，米国に対し
て非核の地位の適用を要請し，議定書２は，核兵器国が地帯の地
位を尊重すること，地帯内国家に対して核兵器を使用せず，使用
の威嚇を行わないことを規定し，議定書３は，核兵器国に対し地
帯内での核実験を禁止している。

ソ連と中国は冷戦期に議定書２と３に批准した。米国，英国，
フランスは冷戦後，包括的核実験禁止条約（CTBT）署名直前の
1996 年３月に３つの議定書に署名し，フランスと英国はその後
批准したが，米国は条約署名から 20 年以上経過しているが，ま
だ批准していない。

条約には，域内 16 カ国のうち 13 カ国が批准しているが，ミク
ロネシア，マーシャル諸島，パラオは署名していない。

3 冷戦後の非核兵器地帯

(1) 東南アジア非核兵器地帯（【3】バンコク条約）

① 米ロによる核兵器の撤去

冷戦の終結は東西の対立および米ソの対立を終息させたため，

第5章　非核の地域をどう広げるか

戦略核兵器の削減が合意されるとともに，外国に配備されていた多くの戦術核兵器が撤去された。米国は西欧から多くの核兵器を撤去するとともに，韓国，フィリピンからも核兵器を撤去し，ロシアも東欧および旧ソ連の共和国からすべての核兵器を撤去した。またロシアがアフリカから軍隊を撤去するなど，非核兵器地帯の設置に望ましい環境が作られていった。

東南アジアにおいても，冷戦の終結に伴い米ロの軍事的撤退が見られ，カンボジア内戦も 1991 年のパリ平和協定で終結した。東南アジア諸国連合（ASEAN）はすでに 1971 年の段階で，東南アジア平和自由中立地帯（ZOPFAN）構想を宣言していたが，1992 年および 1993 年の会合で条約交渉が開始され，条約は 1995 年 12 月 15 日にバンコクで署名され，1997 年 12 月 15 日に発効した。冷戦後も中国とフランスが核実験を継続していたこと，東南アジア諸国と領土紛争を抱えている中国がその核戦力を増強させていることなども条約作成の動機となっている。

②　大陸棚と排他的経済水域を含む

この条約は他の条約と異なり，非核兵器地帯として締約国の領域に加えてその大陸棚と排他的経済水域を含むと定義している。締約国は地帯の内外において，核兵器の開発，製造，取得，核兵器の配備や輸送，実験が禁止される。締約国はその地帯内において，他国が核兵器を開発，製造，取得，配備，実験，使用するのを認めることが禁止される。さらに放射性廃棄物の地帯内での投棄も禁止される。

5 核兵器国による署名のために開放された議定書では，核兵器国が条約を尊重し，その違反に貢献しないこと，締約国に対して

71

核兵器の使用または使用の威嚇を行わないことを約束している。条約はすでに発効しているが，議定書にはいずれの核兵器国も署名していない。その第1の理由は，非核兵器地帯の定義として締約国の領域のみならず，大陸棚と排他的経済水域を含んでいることであり，第2の理由は，地帯内での核兵器の使用または使用の威嚇の禁止を含んでいるからである。

この点に関して，条約締約国と核兵器国との間の協議が長い間行われているが，これまで協議に進展が見られないため，核兵器国は議定書を署名しない状況が継続している。

(2)　アフリカ非核兵器地帯（【4】ペリンダバ条約）
①　フランスの核実験

アフリカを非核化する動きは1960年のフランスの最初の核実験がサハラ砂漠で実施された時から始まっており，アフリカ統一機構（OAU）は1964年にアフリカ非核化宣言を採択した。その後フランスの核実験が南太平洋に移動し，脅威がなくなったこと，および南アフリカの核開発のため実現が困難になったことにより，冷戦中は非核化の進展は見られなかった。

②　南アフリカのNPTへの加入

冷戦終結に伴い，ソ連およびキューバ軍がアフリカから撤退したことなどを契機として，南アフリカは1991年に核不拡散条約（NPT）に加入し，1993年にデクラーク首相が所有していた核兵器をすべて廃棄したと声明した。このような状況で条約の交渉が可能となり，条約は南アフリカが核兵器の開発を行っていたペリンダバで1996年4月11日に署名され，2009年7月15日に発効

72

第5章　非核の地域をどう広げるか

した。

③　条約の禁止規定

　条約は，締約国による核兵器の製造や取得さらに配備や実験の禁止を規定するとともに，南アフリカがかつて核兵器を保有していたことから，核爆発装置の製造能力を申告し，それらを解体，廃棄することを規定している。さらに放射性物質の投棄の禁止および原子力施設への攻撃の禁止を規定し，核物質や核施設に対する高度の保安や物理的防護をも定めている。

　条約締約国に対する核兵器の使用または使用の威嚇を禁止する議定書 I，および核実験を禁止する議定書 II に対して，中国，フランス，英国，ロシアはすでに批准を済ませているが，米国は署名のみで批准していない。

(3)　中央アジア非核兵器地帯（【5】セミパラチンスク条約）

①　ウズベキスタン大統領の呼びかけ

　中央アジア非核兵器地帯の構想は1993年のウズベキスタン大統領の国連総会での呼びかけに始まり，1997年よりカザフスタン，キルギス，タジキスタン，トルクメニスタンを加えて交渉が本格的に開始された。1997年2月には中央アジア非核兵器地帯を宣言することを支持するよう関係国に要請するアルマティ宣言を採択し，同年9月には地帯への支持と援助を要請する5カ国外相声明に署名した。その後の交渉により，条約は2006年9月8日にソ連の核実験場があったセミパラチンスクで署名され，2009年3月21日に発効した。

73

② 条約の背景

条約作成の背景としては，まずこれらの諸国はソ連より独立し，ロシアと中国という2つの核兵器国の間に存在しているという地政学的観点から，積極的に非核の地位を求めたと考えられる。またカザフスタンのセミパラチンスクでは多くの核実験が行われ，それは冷戦終結後に閉鎖されたが，核実験による環境汚染への対応が重要であると意識されていた。さらに冷戦中には多くの核兵器がカザフスタンに配備されており，その後すべてロシアに移送されたが，非核の地位を一層強固にする必要があると考えられた。

条約により，各締約国はあらゆる核兵器その他の核爆発装置を研究，開発，生産，貯蔵，取得，保有，管理しないこと，およびこれらの活動支援を受けないことを約束している。条約適用範囲は，中央アジア5カ国の領土，すべての水域および領域となっている。核兵器搭載の航空機や船舶の通過については，各締約国の判断に委ねられることになっている。

③ 5核兵器国による署名と批准

5核兵器国のために作成された議定書は，条約締約国に対して核兵器の使用または使用の威嚇を行わないこと，および条約違反に貢献しないことを約束するものである。この条約が既存の条約上の権利や義務に影響を与えないという規定を含んでいるため，1992年の集団的安全保障条約であるタシケント条約により，ロシアが一定のある状況で地帯内に核兵器を配備することを許すよう解釈できるのではないかが議論されたが，5核兵器国は2015年までにすべて議定書に署名し，米国を除く4カ国は批准している。

第5章　非核の地域をどう広げるか

(4)　モンゴル非核兵器地位

　モンゴルの場合は非核兵器地帯の定義に当てはまらないものであるが，内容は似通ったものになっている。ロシアと中国の両国と国境を接しているモンゴルは，両国からの中立的な立場を強調することもあり，冷戦後の1992年に自国領土を非核兵器地帯とする宣言を行い，その後1998年に国連総会は，モンゴルによる非核兵器地位の宣言を歓迎し，5核兵器国を含む加盟国に非核兵器地位の強化に必要な措置をとるよう要請する決議を全会一致で採択した。これは1国で非核兵器地帯を設置する初めての試みであり，国連では従来の複数国家による非核兵器地帯と区別するため，「非核兵器地位」という用語を用いた。これは総会決議によるものであり，法的拘束力を持つ条約ではないが，核兵器国は一般に支持を表明し，好意的に対応している。

4　非核兵器地帯への核兵器の使用禁止

　5つの非核兵器地帯条約（【1】〜【5】）はすべて議定書を備えており，そこでは核兵器国が地帯構成国に対して負う義務を明記しており，すべての議定書に共通する最も重要な内容は，「核兵器国は地帯構成国に対して核兵器を使用せず，使用の威嚇を行わない」という義務である。この核兵器の不使用という義務は，核不拡散条約の場合には存在しない義務であり，非核兵器地帯の重要な特徴となっており，非核兵器国が非核兵器地帯を自主的に設置する大きな動機となっている。

　各核兵器国の署名と批准の状況は，2019年現在以下のようになっている。ラテンアメリカ核兵器禁止条約には5核兵器国すべ

75

てが署名と批准を済ませている。南太平洋非核地帯条約，アフリカ非核兵器地帯条約，中央アジア非核兵器地帯条約には，ロシア，英国，フランス，中国は署名と批准を済ませているが，米国は署名のみで批准していない。東南アジア非核兵器地帯条約の議定書には，5核兵器国のいずれも署名していない。

このことから，米国のみが議定書批准にきわめて消極的であることが判明する。米国は一般的に，核兵器の使用に対する法的規制を嫌う傾向があり，さらに包括的核実験禁止条約にも，ロ英仏は批准しているのに，米国と中国がまだ批准していない状況である。非核兵器地帯の設置は，核兵器の不拡散を強化するものであるので，核兵器国にとって有益なものと一般に考えられているにもかかわらず，米国はこの義務の受諾には消極的であり，米国のこのような態度は非難されるべきであろう。

東南アジア非核兵器地帯に関しては，この条約のみが条約の適用範囲に大陸棚と排他的経済水域を含めているという特殊な事情が存在している。これに関して条約締約国と5核兵器国の間で長い間協議が続けられているが，いまだに合意に達しない状況が続いている。両グループによる妥協が図られることが期待される。

5　非核兵器地帯の今後の課題

これまでに成立した非核兵器地帯は，核兵器を保有しておらず，核兵器の配備を認めていない諸国が条約を交渉したものであり，当時の現状を維持することに合意したものであった。それとは異なり，今後非核兵器地帯を拡大していこうと検討されている地域には，核兵器を保有する国家が含まれているため，その実現には

第5章　非核の地域をどう広げるか

これまでのもとは違った大きな困難が存在している。

(1)　中　　東

　核兵器を保有していると一般に信じられているイスラエルを含む中東地域では，1974 年にエジプトとイランがイスラエルの核兵器を廃棄させる目的で，国連総会において中東非核兵器地帯設置の提案を行った。イスラエルは核兵器の保有を明言することはなく，「中東に核兵器を導入する最初の国にはならない」と言うだけである。

　1995 年の NPT 再検討・延長会議では，アラブ諸国などが中東非核兵器地帯または大量破壊兵器のない地帯を主張し，NPT の延長決定に関連して中東決議が採択された。イスラエルの核兵器に対抗してエジプトが化学兵器や生物兵器を保有しているので，それらの兵器をすべて含めて禁止するものとして大量破壊兵器のない地帯の設置が主張されてきた。

　2010 年の NPT 再検討会議では，この問題が重視され，具体的な措置として，国連事務総長と NPT 被寄託国である米国，ロシア，英国が 2012 年に中東に非核兵器・大量破壊兵器地帯を設置するための中東諸国の会議を開催することが決定された。そのための準備作業が行われたが，実際には会議は開催できなかった。

　その後 2015 年の NPT 再検討会議は，中東問題をめぐる会議の開催に関する見解の対立のために，最終文書に合意することができなかった。中東非大量破壊兵器地帯の設置に関して今後とも協議が継続されるべきであるが，きわめて大きな困難を乗り越える必要がある。

77

⑵　南アジア

　南アジアでは，インドが平和的目的の核爆発として初めて実施した1974年の核実験を契機として，パキスタンが国連総会に決議を提出し議論が続けられてきた。1998年には両国とも核実験を実施し，その後核兵器の開発，製造，配備へと進み，両国とも核兵器の増強を続けている。地域の覇権争いとしては，南アメリカにおけるブラジルとアルゼンチンの覇権争いと似たものであるが，後者では両国が原子力の軍事的開発を停止し，平和利用の協力を進めたため，非核兵器地帯の設置が成功したのであり，南アジアとの大きな違いが示されている。

　核兵器の材料となる核分裂性物質の生産禁止を目指す条約の交渉に関しては，パキスタンが常に反対を表明し，軍縮会議における交渉の開始に合意できない状況が長く続いている。また包括的核実験禁止条約（CTBT）には両国とも反対しており，どちらも署名していない。ただ核実験のモラトリアム（自主的な一時停止）については，1998年以来核実験を実施していない。この地域においても非核兵器地帯の設置はきわめて困難だと考えられるが，両国間の核戦争を防止するためにも，信頼醸成措置などを通じて両国関係の改善を目指すことが必要とされている。

⑶　北東アジア

　冷戦終結の結果として，米国は韓国に配備されていた戦術核兵器の撤去を含む世界的な撤去を行った。米国の核兵器の撤去が韓国大統領により確認された後，1991年12月に南北朝鮮は「朝鮮半島非核化宣言」に合意し，核兵器の生産，所有，配備を禁止し，

第5章　非核の地域をどう広げるか

さらに核燃料再処理施設とウラン濃縮施設の所有も禁止した。そのための相互査察の制度も用意されていた。しかし1993年以降，北朝鮮の核疑惑が表面化し，北朝鮮はその合意に違反する行為を行っている。

朝鮮半島を中心とする北東アジアに非核兵器地帯を設置すべきだという提案は，研究者や平和団体によってさまざまなものが主張されてきたが，これまで具体的には進展していない。北朝鮮の核問題は，米国との2国間合意や，米ロ中と日本，韓国，北朝鮮の6者会談での合意で対応されてきたが，最終的にはまだ決着していないし，ここ数年は，北朝鮮が6回の核実験を実施し，多くの弾道ミサイル実験を行うという状況であった。

2018年の米朝首脳会談では，米国が北朝鮮に対し安全の保証を提供することを約束し，北朝鮮は朝鮮半島の完全な非核化に向けた決意を再確認したが，具体的な進展は今後の動きに委ねられている。

第6章

核兵器の使用をどう防止するか

　核兵器が存在する限りそれが使用されるさまざまな可能性が存在している。核兵器国が現在採用している核ドクトリンの中心は核抑止論であり，それは核兵器の使用を前提として構築されている。核兵器国の軍事ドクトリンの変更により一定の場合に核兵器を使用しないという政策を採択することは有益であるし，核不拡散条約の締約国または非核兵器地帯の構成国に対する核兵器の不使用も重要であり，またテロリストによる核使用に備える必要がある。

1　国際司法裁判所の勧告的意見

　核兵器の使用禁止の第1は法的なアプローチであり，核兵器の使用やその威嚇は国際法に違反するのではないかと考えたNGOは，世界法廷プロジェクトを立ち上げ，非同盟諸国に働きかけ，この問題を国際司法裁判所（ICJ）に持ち込むのに成功した。国際司法裁判所は国連の主要機関であり，国家間の紛争を解決する権限をもつとともに，国連総会や安全保障理事会からの法的問題に関する質問に対して勧告的意見を与える権限をもっている。国連

81

総会は，「核兵器の使用はいかなる場合にも許されるか」という質問に関して勧告的意見を要請し，裁判所は1996年7月に勧告的意見を与えた。

国際司法裁判所は，国連憲章と核兵器使用の関係，核兵器の使用に関する特定の条約，核兵器の使用に関する特定の慣習法，国際人道法と核兵器使用の関係を詳細に検討し，表6-1のような結論を引き出した。

まず核兵器の使用を容認する国際法，または包括的に禁止する国際法が存在するかどうかに関して，A項で使用を特に容認する国際法はないという点では全会一致であるのに対して，B項での包括的な禁止に関しては，そのような国際法はないと11名の裁判官は判断したが，3名の裁判官はあると判断している。

次にC項で，核兵器使用が許される状況に関して，武力行使の原則的禁止を定める国連憲章第2項4条に違反する場合で，かつ自衛の場合にのみ武力行使を認める第51条のすべての条件を満

表6-1　国際司法裁判所の勧告的意見

A	核兵器の使用を特に容認する国際法はない。	全会一致
B	核兵器の使用を包括的・普遍的に禁止する国際法はない。	11対3
C	国連憲章第2条4項に違反し，第51条の条件を満たさない核兵器の使用は違法である。	全会一致
D	核兵器の使用は国際人道法の要件および核兵器に関する条約の義務と両立するものでなければならない。	全会一致
E	核兵器の使用は武力紛争に関する国際法に一般的に違反する。しかし自衛の極限的状況では結論できない。	7対7，裁判長の決定票
F	核軍縮へと導く交渉を継続し，結論に達する義務がある。	全会一致

第6章 核兵器の使用をどう防止するか

たさない状況での核兵器の使用は違法であると，すべての裁判官
が全会一致で判断している。

第3にD項で，核兵器が具体的に使用される態様に関して，そ
れは国際人道法の要件および核兵器に関する条約の義務と両立す
るものでなければならいとこれも全会一致で判断されている。

それらの分析に基づく勧告的意見の一番重要な結論部分となる
E項では，核兵器の使用は，人道法を含む国際法に一般的に違反
するが，自衛の極限的状況においては合法か違法か判断できない
となっている。この意見には7名の裁判官が賛成し，7名の裁判
官が反対したが，最終的には裁判所長の決定票より裁判所の意見
となった。

F項は，今後の解決の道筋を示すものとして，核兵器国は核軍
縮へと導く交渉を継続し，結論に達する義務があると全会一致で
判断している。

意見の中心であるE項の全文は以下の通りである。

「核兵器の威嚇または使用は，武力紛争に適用可能な国際法
の規則，特に人道法の原則と規則に一般的に違反する。しかし，
国際法の現状および裁判所が入手できる事実要素の観点からし
て，国家の生存そのものが危機に瀕しているような自衛の極限
的状況において，核兵器の威嚇または使用が合法であるか違法
であるか決定的に結論することはできない。」

E項の表決は7対7であり，最終的には裁判長の決定票で決定
したが，7名の反対者のうち3名はB項に反対して普遍的禁止が
存在すると考えているので，E項の前半部分にある核兵器の使用

83

が国際法に一般的に違反するという内容には賛成であるので，この部分には10名の裁判官が賛成していることになる。その他の4名の反対の裁判官は，核兵器の使用は必ずしも国際法で一般に禁止されているとは考えていない。この4人の裁判官は米国，英国，フランス，日本の裁判官である。

このように，国際司法裁判所が，核兵器の使用は一般的には国際法違反であるという見解を示したことは，核兵器の使用禁止に関する国際法の発展に大きく貢献している。勧告的意見そのものが法的拘束力をもつわけではないが，国連の主要機関としての国際司法裁判所の意見として大きな権威をもっている。後半部分の「自衛の極限的状況」では合法か違法か判断されていないが，かりに合法だとしてもその範囲はきわめて限定されたものとなる。違法な武力攻撃の存在，緊急事態でとるべき他の手段がないこと，反撃は攻撃を阻止するため均衡のとれたものという自衛の一般的条件を満たすとともに，さらに「国家の生存そのものが危機に瀕している」という自衛の極限的状況であることが必要となっている。

2 核兵器国の軍事ドクトリンと第一不使用

(1) 核兵器国の軍事ドクトリン

核兵器の第一不使用（no first use）とは，核兵器の使用は相手の核兵器の使用に対抗する場合に限定するという考え方であり，相手の第一使用に対する反撃としての第二使用は許されるが，核兵器以外の攻撃に対しては核兵器を使用しないというものである。

第6章　核兵器の使用をどう防止するか

① NATO

米国および英国，フランスを含むNATOの核兵器に関する軍事ドクトリンは，冷戦中も冷戦後も大きく変化しておらず，第一不使用を採択していない。冷戦中はソ連を中心とするワルシャワ条約機構が通常兵器において圧倒的に優勢であったため，NATO側は，通常兵器で反撃し，防衛できない場合には核兵器を先に使用するというドクトリンを採用していた。

冷戦終結後は東側の通常兵器の圧倒的優勢という状況が消滅したにもかかわらず，NATOのドクトリンの変化はみられず，NATO設立50周年の1999年のNATOの戦略概念でも大きな変化は見られなかった。2010年の新たな戦略概念でもNATOは核同盟であり続けると宣言し，第一不使用を採用することはなく現在に至っている。

② ソ連・ロシア

他方，ソ連は冷戦中は第一不使用を正式の軍事ドクトリンとして発表していたが，冷戦終結後は通常兵器の削減や弱体化に伴い，またワルシャワ条約機構の解体もあり，ロシアとして，1993年に採択した新たなドクトリンでは，第一不使用のドクトリンを放棄し，通常兵器の弱体化を補うための核兵器の使用の重要性を強調している。2000年，2003年のドクトリンでは核兵器の重要性をさらに強調し，2010年の軍事ドクトリンでは，核兵器の抑止力としての重要性を強調し，通常兵器による侵略を受け国家の生存が脅かされる場合には核兵器を使用する権利を留保すると述べている。

85

③　中　国

　中国は，1964 年の最初の核実験以来，一貫して「核兵器を使用する最初の国にはならない」と宣言しており，第一不使用政策を繰り返し述べている。しかしこの宣言にはそれ以上の説明がなく，また中国は情報提供が限定されているため透明性が欠けており，現実の軍事ドクトリンや兵器の配備状況が明らかではないため，西側諸国はその宣言に対して疑問を抱いている。中国の第一不使用の宣言が一層の信頼性をもつためには，核戦力の構成や構造さらに配備状況に関しての情報をもっと開示する必要があり，その政策が実際の戦力構造や配備状況で担保されていることを国際社会に示すことが必要であろう。

(2)　核兵器の第一不使用

①　オバマの「核兵器のない世界」

　2009 年に誕生した米国のオバマ大統領は，核兵器のない世界を目指すと宣言し，そのために安全保障政策や軍事ドクトリンにおける核兵器の役割を低減する方針を明確にした。その 1 つの手段として核兵器の第一不使用の問題が積極的に議論されるようになった。米国内の議論では，「第一不使用」という用語ではなく「唯一の目的」という用語で一般に議論されている。両者はほぼ同義であるが，「核兵器の唯一の目的は，他国の核兵器の使用を抑止することである」と述べられ，使用よりも抑止の段階に重点を置いている。

　2010 年 4 月に発表されたオバマ政権の「核態勢見直し（NPR）」報告書では，まず「米国は，米国および同盟国・友好国の死活的

第6章　核兵器の使用をどう防止するか

利益を防衛するという究極の状況においてのみ核兵器の使用を考慮する」と述べ，米国の核兵器の「基本的役割」は，米国および同盟国・友好国に対する核攻撃を抑止することであると述べ，現在の段階では「唯一の目的」という普遍的政策を採用する準備ができていないが，その政策を安全に採用できるような条件の創出に努力すると述べている。

オバマ大統領自身は，政権2期目の最後まで「唯一の目的」という政策を採用すべきであるとして，さまざまな努力を行ったが，米ロ関係の悪化や北朝鮮核危機の発展などもあり，政権の政策として採用することはできなかった。

②　トランプの「核態勢見直し」

2018年のトランプ政権の「核態勢見直し」報告書では，オバマ大統領と同じ用語で，「死活的利益を防衛するという究極の状況においてのみ核兵器の使用を考慮する」と述べているが，その直後に「究極の状況には，重大な非核戦略攻撃が含まれる」と決定的な変更が加えられており，インフラへの攻撃などを含む幅広い例示が挙げられ，さらにそれらに限定されないと記されている。また核兵器の第1の重要な役割として「核および非核攻撃の抑止」が挙げられており，ここでは，核攻撃と非核攻撃への対応の際の核兵器の役割に同様の重要性が与えられている。その結果，核兵器の第一不使用政策については，今日の脅威環境ではこのような政策は正当化されないと一蹴されている。

87

3 非核兵器国に対する不使用

(1) 核不拡散条約との関連

核不拡散条約（NPT）の交渉過程においても，核兵器の選択肢を放棄する非核兵器国には不使用の約束をすべきだという議論があったが，受け入れられなかった。1978年の国連軍縮特別総会の時に，5核兵器国は非核兵器国に対して核兵器を使用しないと約束しつつも以下のような条件を付けていた。米英の宣言では，攻撃が核兵器国の同盟国による場合および攻撃に際して核兵器国と連携している場合は除外され，ソ連の宣言では，領域に核兵器を配備している国は除外されていた。

1995年のNPT再検討会議では，米国，英国，ロシア，フランスは同一内容の宣言を行った。たとえば，米国は，NPTの締約国である非核兵器国に対し，核兵器を使用しないことを再確認するとし，例外として，米国，その軍隊，米国の同盟国または安全保障の約束を行っている国に対する侵略その他の攻撃が，核兵器国と連携または同盟して，当該非核兵器国により実施された場合を除くとしている。

2010年に，米国のオバマ大統領は，「核不拡散条約の締約国でありそれを遵守している非核兵器国に対しては，核兵器を使用しない」という新たな強化された政策を打ち出した。このように一般的な使用禁止の例外を狭くする方向で進展してきているが，これらの宣言はすべて政治的な宣言であって，いつでも一方的に変更しうるものでもあるし，厳格な法的約束ではない。非核兵器国，特に非同盟諸国は常に法的拘束力ある約束を主張してきたが，包括的な形ではまだ与えられていない。

第6章　核兵器の使用をどう防止するか

(2)　非核兵器地帯との関連

非核兵器地帯に関する章で述べたように，非核兵器地帯の概念そのものの中に地帯構成国に対して核兵器を使用しないという法的な保証が含まれている。核不拡散条約との場合とは異なり，法的拘束力ある形で核兵器の不使用が規定されていることは，核兵器国が明確に確定的に不使用を約束し，違反に対しては裁判所への提訴の可能性を含む厳格な法的手続きをとる可能性を含んでいる。これは，地帯構成国が核兵器を生産せず受領しないという核不拡散の約束を受け入れているだけでなく，核兵器をそこに配備することも拒否する法的義務を受け入れていることにもよる。

現在存在している5つの非核兵器地帯のうち，5核兵器国がすべて批准しているのはラテンアメリカ非核兵器地帯のみであり，南太平洋，アフリカ，中央アジアの非核兵器地帯条約の場合には米国以外はすべて批准しているが，米国はどれも批准していない。東南アジアの場合には，地帯の定義をめぐる見解の対立のためいずれの核兵器国も署名していない。このように米国のみが非常に消極的な姿勢を一貫して維持している。オバマ大統領も外交政策の優先課題としてそれらの批准を強く訴えたが，批准に関する権限を有する上院の3分の2以上の賛成を得ることはできなかった。

この非核兵器地帯条約による法的な義務に関して問題が生じているのは，多くの核兵器国がその約束に留保を付し，例外の場合を広く主張していることである。特にフランスの留保では，国連憲章第51条の自衛権の場合には使用禁止が適用されないと主張しているが，それは不使用の義務を実質的に骨抜きにするものである。地帯構成国はさまざまな機会に留保を撤回するよう要請し

89

ているが，核兵器国はそれに対応していない。

4　テロリストによる核使用の防止

(1)　核テロの脅威の拡大

　核テロの議論は，さまざまなテロが多く発生した 1970 年代から始まっているが，本格的に議論されるのは，冷戦終結後である。第 1 にその直接の要因は，ソ連解体後に旧ソ連が関係する核兵器および核物質の管理がきわめてずさんな状況となり，さまざまな密輸事件が発生するなど，これらがテロリストの手に入る危険に対して国際社会が対策を取る必要にせまられたことである。

　第 2 に，1990 年代に核兵器の拡散の危険が進行したことであり，イラク，リビア，北朝鮮，イランに代表されるならずもの国家による核兵器開発疑惑問題が生じたことである。これらの国家はテロ支援国家でもあり，これらの国が核テロに関連してテロリストを支援する可能性が危惧された。

　第 3 に，2001 年 9 の米国のニューヨークおよびワシントンにおける同時多発テロであり，米国本土がテロ攻撃される事態が発生し，テロリストによる核テロが実際に起こり得る問題として議論されるようになった。

　第 4 に，2004 年にパキスタンのカーン博士を中心とする核の闇市場のネットワークが発覚したことである。カーンは闇取引によりパキスタンに核兵器技術をもたらしただけでなく，北朝鮮，イラン，リビアの核開発に協力することにより世界的な核拡散を促進させた。この闇ルートを通じて，アルカイダなど国際テロリストに核物質や核技術が渡った可能性が危惧されている。

第6章 核兵器の使用をどう防止するか

(2) 核テロ防止のための国際的取り組み

第1は旧ソ連のずさんな管理の下にある核物質などへの対応であり，米国は1991年にソ連核脅威削減法を採択し，協力的脅威削減プログラムを実施し，旧ソ連諸国からロシアへの核の移送の防護などを実施し，1992年のG7サミットは，「大量破壊兵器および物質の拡散に対するG7グローバル・パートナーシップ」を採択し，ロシアに対し退役潜水艦の解体，核分裂性物質の処分などを支援し，2004年には米ロ両国はグローバル脅威削減イニシアティブに合意し，高濃縮ウランの回収を推進した。

第2は核テロ防止のための国際的措置の採択であり，2004年に国連安保理は決議1540を採択し，法的拘束力ある決定として，大量破壊兵器の開発，製造，使用などを試みる非国家主体を支援しないこと，それを禁止する効果的な法律を採択し執行すること，それらの国内管理を確立することなどが決定された。2005年には，国連総会がテロ防止条約を採択し，核テロ行為の防止および核テロ行為の容疑者の訴追と処罰の措置をとることなどを規定し，2005年には核物質防護条約の改正が採択され，核テロに対する法的な対応が大幅に拡大された。

第3はオバマ大統領のイニシアティブであり，2009年のプラハ演説で，「テロリストが決して核兵器を取得しないよう確保する必要がある。これは世界の安全保障に対する最も差し迫った最大の脅威である」と語り，世界中のすべての脆弱な核物質を4年以内に安全で厳重な管理下に置くこと，闇市場を崩壊させ，核物質の移送を阻止し，危険な貿易を途絶えさせることなどを主張した。その政策を実現するため，2010年に核セキュリティ世界サ

91

ミットをワシントンで開催し，核セキュリティの向上のための国内措置および国際措置やIAEAの役割などが議論され，基本的な原則がコミュニケとして採択された。その後，韓国，オランダ，米国とサミットは2年ごとに合計4回開催され，核物質の厳格な管理の強化を図った。

5 核兵器不使用の今後の課題

(1) 第一不使用政策の採用

核兵器国における軍事ドクトリンにおいて，核兵器の役割を低減させることが重要であり，その1つの手段が第一不使用政策の採用である。オバマ政権でその政策の採択の努力がなされたが，共和党の反対および核同盟国の反対で実現されなかった。しかし核兵器の使用のケースを制限することによって核使用の可能性を大幅に低下させることが重要な政策課題であり，核兵器国の国際協調の進展を前提として，第一不使用政策の採用に向けて進むべきである。

(2) 非核兵器国への不使用

核兵器国が，核兵器の選択を自主的に放棄した非核兵器国に対して核兵器を使用しない約束を行うことは理にかなったことと考えられるが，現状ではあいまいな政治的な約束として条件付きで与えられているだけであり，これを法的拘束力ある条約で明確に与えることが必要であると考えられる。また非核兵器地帯構成国に与えられている不使用の法的約束に対して，核兵器国はさまざまな条件をつけているが，約束の内容を損なうような留保もあり，

第6章 核兵器の使用をどう防止するか

それらは迅速に撤回されるべきである。

(3) テロによる使用の防止

近年，核テロを防止するためにさまざまな措置が採用され，以前よりはかなり強化されているがまだまだ不十分である。そのためには核兵器の数を大幅に削減しそれに対する管理を徹底的に行うことが第1に必要であるし，核兵器の材料となる高濃縮ウランとプルトニウムの量を減少させつつ，それらに対する管理を強化することが必要である。

〈著者紹介〉

黒澤 満（くろさわ　みつる）

大阪女学院大学教授，大阪大学名誉教授，大阪大学大学院法学研究科博士課程修了，博士（法学），米国バージニア大学・モントレー国際大学客員研究員，核不拡散条約（NPT）再検討会議日本政府代表団顧問，日本軍縮学会初代会長

主要著書
『現代軍縮国際法』1986年，西村書店
『軍縮国際法の新しい視座』1986年，有信堂
『核軍縮と国際法』1992年，有信堂
『核軍縮と国際平和』1999年，有斐閣
『軍縮をどう進めるか』2001年，大阪大学出版会
『軍縮国際法』2003年，信山社
『核軍縮と世界平和』2011年，信山社
『核軍縮入門』2011年，信山社
『核兵器のない世界へ』2014年，東信堂
『軍縮辞典』（編纂委員長）2015年，信山社
『軍縮・不拡散の諸相』（編集委員長）2019年，信山社

信山社ブックレット

核軍縮は可能か

2019（令和元）年11月25日　第1版第1刷発行

Ⓒ著者　黒　澤　　満
発行者　今井　貴・稲葉文子
発行所　株式会社 信 山 社
〒113-0033　東京都文京区本郷 6-2-9-102
Tel 03-3818-1019　Fax 03-3818-0344
笠間才木支店　〒309-1611　茨城県笠間市笠間 515-3
Tel 0296-71-9081　Fax 0296-71-9082
笠間来栖支店　〒309-1625　茨城県笠間市来栖 2345-1
Tel 0296-71-0215　Fax 0296-72-5410
出版契約 No.2019-8148-01011

Printed in Japan, 2019　印刷・製本 ワイズ書籍Ⓜ／渋谷文泉閣
ISBN978-4-7972-8148-4 C3332 ¥0000E 分類 329.401
p.104　8148-01011：012-010-002

JCOPY 〈(社)出版者著作権管理機構　委託出版物〉
本書の無断複写は著作権法上での例外を除き禁じられています。複写される場合は，そのつど事前に，(社)出版者著作権管理機構（電話 03-3513-6969，FAX 03-3513-6979，e-mail: info@jcopy.or.jp）の許諾を得てください。

核軍縮入門　黒澤　満 著

核軍縮と世界平和　黒澤　満 著

大量破壊兵器の軍縮論　黒澤　満 著

軍縮国際法　黒澤　満 著

安全保障論—平和で公正な国際社会の構築に向けて
　黒澤満先生古稀記念
　　神余隆博・星野俊也・戸崎洋史・佐渡紀子 編

核軍縮不拡散の法と政治　黒澤満先生退職記念
　浅田正彦・戸崎洋史 編

軍縮辞典　日本軍縮学会 編

軍縮・不拡散の諸相
　　—日本軍縮学会設立10周年記念　日本軍縮学会 編

―――――― 信山社 ――――――